Ludmila Sokolowa • Heiner Zeller

Ключи 1

Ein Russischlehrwerk für Erwachsene

Arbeitsbuch

Hueber Verlag

Beratende Mitarbeit

Dr. Brigitta Godel, Europabeauftragte für das Russischzertifikat der WBT und wissenschaftliche Mitarbeiterin am Bundesinstitut für ostwissenschaftliche und internationale Studien in Köln

Ingrid Junesch, wissenschaftliche Angestellte und Dozentin für Russisch am Sprachenzentrum der Universität Stuttgart, Leiterin von Aus- und Fortbildungsseminaren des Volkshochschulverbandes Baden-Württemberg

Dr. Nadja Naumann, Fachbereichsleiterin Fremdsprachen an der Volkshochschule Dresden, Leiterin von Aus- und Fortbildungsveranstaltungen des Volkshochschulverbandes Sachsen

6. 5. 4.   Die letzten Ziffern
2013 12 11 10 09   bezeichnen Zahl und Jahr des Druckes.
Alle Drucke dieser Auflage können, da unverändert,
nebeneinander benutzt werden.
1. Auflage
© 2001 Hueber Verlag, 85737 Ismaning, Deutschland
Verlagsredaktion: Gaby Bauer-Negenborn M.A., Weßling
Umschlaggestaltung: Bettina Kammerer, München
Fotos: Wjatscheslaw Mitrochin, Orjol
Zeichnungen: Svetlana Gilenko, Ulm
Druck und Bindung: Ludwig Auer GmbH, Donauwörth
Printed in Germany
ISBN-13: 978–3–19–014471–6

Wozu ist dieses Arbeitsbuch gedacht?

Das Wichtigste zuerst: Auf den Seiten 161–188 finden Sie einen Lösungsschlüssel, mit dem Sie sich selbst überprüfen können. Natürlich können Sie die Lösungen auch gleich dort nachschlagen. Aber dann lernen Sie nur kyrillische Texte abzuschreiben – zu wenig, wie wir meinen. Die Idee dieses Schlüssels ist eine andere: Wahrscheinlich werden Sie es nicht schaffen, an jedem Kursabend anwesend zu sein. Wenn Sie einmal eine Stunde versäumt haben, ist es aber wichtig, dass Sie den Stoff alleine nacharbeiten können.

Die Übungen in diesem Arbeitsbuch sind nicht nur so aufgebaut, dass Sie sie selbstständig erarbeiten können, sondern Sie ermöglichen Ihnen auch, sich nach Ihrem persönlichen Lerntempo zu richten. Konzentrieren Sie sich auf das, was Sie noch nicht so gut können. Verstehen Sie unser Arbeitsbuch als eine individuelle Lernhilfe, die allerdings voraussetzt, dass Sie sich darauf einlassen, Ihren Lernprozess selbst zu steuern. Das Arbeitsbuch bietet jede Menge Materialien an, welche Übungen Sie persönlich brauchen, das müssen Sie selbst entscheiden.

Der Schwerpunkt beim Erlernen einer Fremdsprache liegt im Dialog, d.h. im sprachlichen Austausch mit Ihren Mitmenschen. Aus diesem Grund stehen in einem Sprachkurs die dialogischen Übungen im Mittelpunkt. In **Ключи** finden Sie diese Übungen vorwiegend im Lehrbuch. Sie sind für den Unterricht gedacht und sollen gemeinsam mit Ihrer Kursleiterin/Ihrem Kursleiter und Ihren Mitstudenten bearbeitet werden.

Daneben brauchen Sie aber auch Übungen, die in Ihrem Gedächtnis all das verankern, was Sie gelernt haben. Langeweile müssen Sie dabei nicht befürchten: Wir haben uns bemüht, auch die Übungen in diesem Arbeitsbuch möglichst anspruchsvoll und – so weit möglich – unterhaltsam zu gestalten.

Was finden Sie in diesem Arbeitsbuch?

- Wortschatzübungen, die Ihnen stures Vokabelpauken ersparen. Sie geben eine gewisse Befriedigung, weil man etwas Sinnvolles tut – und manchmal machen sie sogar Spaß.

- Übungen, um die russische Grammatik zu verstehen und vor allem auch zu behalten. Diese Übungen festigen, worauf es bei der neuen Grammatik ankommt. Und wir sagen Ihnen immer, was genau Sie üben sollten.

- Übungen, um die russische Grammatik praktisch anzuwenden. Nachdem Sie alles verstanden und geübt haben, sollen Sie es natürlich auch aktiv anwenden.

- Übungen, mit denen Sie lernen, gesprochenes Russisch zu verstehen. Das sind übrigens die Übungen, die Sie unbedingt alle machen sollten: Sie hören Informationen von der Kassette / CD und reagieren schriftlich. Was Sie hören, steht zur Selbstkontrolle im Lösungsschlüssel. Aber: Erst die Übungen bearbeiten, danach die Lösungen kontrollieren! Gleich nachschauen geht zwar schneller, reduziert Ihren Lernerfolg aber erheblich. Wenn Sie sich genau an die Arbeitsanweisungen halten, werden Sie feststellen, dass es oft gar nicht nötig ist, alle Einzelheiten zu verstehen.

- Übungen, mit denen Sie das Lesen und Verstehen von Originaltexten trainieren. Auch hier gilt: Die Aufgabenstellung beachten; es muss nicht immer jedes Wort verstanden werden.

- Und zu guter Letzt gibt es noch Übungen, in denen Sie selbst russische Texte schreiben.

Man lernt wirklich besser, wenn man sein eigenes Lernprogramm entwickelt. Machen Sie mit?

Viel Erfolg und vor allem – viel Spaß!

Inhalt

Vorwort 3

1 **Привет!** 5

2 **Первое знакомство** 17

3 **В Москве** 29

4 **В гостях у московской семьи** 43

5 **Спальный вагон в Липецк** 55

6 **В Липецке** 69

7 **8 Марта** 81

8 **Средний класс** 93

9 **Учительница из Минусинска** 107

10 **Мы помогаем** 121

11 **Города-партнёры** 135

12 **Я рада, что мы познакомились!** 149

Schlüssel zu den Übungen 161

Quellenverzeichnis 188

Привет!

1 Алфавит НА

a) Diese Buchstaben kennen Sie. Schreiben Sie sie – auf Russisch natürlich!

Аа Аа Аа Аа Аа   Мм Мм Мм Мм

Ее Ее Ее Ее Ее Ее   Оо Оо Оо Оо Оо Оо Оо

b) Diese Buchstaben gibt es im Deutschen auch, sie werden im Russischen nur anders geschrieben.

Вв Вв Вв Вв Вв Вв   Нн Нн Нн Нн Нн Нн

Дд Дд Дд Дд Дд Дд   Пп Пп Пп Пп Пп

Ии Ии Ии Ии Ии Ии   Тт Тт Тт Тт

Лл л л л л л л   Уу Уу Уу Уу Уу Уу Уу

c) Jetzt kommen endlich wirklich neue Buchstaben an die Reihe.

Чч Чч Чч Чч Чч Чч Чч   ьь ьь ьь ьь ьь ьь

Шш Шш Шш Шш   Юю Юю Юю Юю Юю Юю ю

Ыы Ыы Ыы Ыы Ыы   Яя Яя Яя яяя Яя ja

d) Und schon sind wir bei den ersten Wörtern angelangt. Gar nicht so schwierig, oder?

чт – что чт – что чт – чт – чт – что – что

ты – ты ты ты ты ты ты

шь – делаешь шь – делаешь шь делаешь

аю – я думаю аю – я думаю я думаю я думаю

2 Инна и Нина HA

a) Kennen Sie diese russischen Vornamen? Hören Sie die Aussprache, sprechen Sie die Namen nach und schreiben Sie sie.

Оля Оля   *Аля Аля Аля Аля*

Митя Митя Митя   *Маша Маша Маша*

Инна Инна Инна   *Толя Толя Толя*

Валя Валя Валя Валя   *Тина Тина Тина*

Миша Миша Миша   *Поля Поля Поля*

b) Hören Sie wieder die Kassette / CD und kreuzen Sie die Vornamen an, die Sie hören.

1. Нина	☒	3. Валя	☒	5. Поля	☐	7. Толя	☐
Инна	☒	Аля	☐	Оля	☒	Поля	☒
2. Оля	☐	4. Маша	☐	6. Тина	☐	8. Дима	☒
Юлия	☒	Миша	☒	Нина	☒	Дина	☐

3 Я думаю

a) Diese Wörter haben Sie alle schon gelernt. Hören Sie noch einmal die Aussprache und schreiben Sie sie.

думаю думаю думаю   *чём чём чём*

что что что что что   *думаете думаете*

вы вы вы вы вы вы   *Москве Москве*

делаете делаете   *понимаю понимаю*
                        понимаю

НА

b) Jetzt kommt der erste Dialog. Hören Sie wieder zuerst die Kassette / CD und schreiben Sie dann.

– Что ты делаешь? *Что ты делаешь?*

– Я думаю. *Я думаю. Я думаю Я думаю*

– О чём ты думаешь? *О чём ты думаешь?*

– Я думаю о Москве! *Я думаю о Москве!*

– О Москве? А, понимаю. *О Москве? А, понимаю.*

c) Und wie lautet das Gespräch, wenn Sie Ihre Gesprächspartnerin / Ihren Gesprächspartner siezen? Schreiben Sie es auf. Wenn Sie unsicher sind, können Sie auf Seite 7 im Lehrbuch nachschauen.

– Что вы делаете?

– Я думаю.

– О чём вы думаете?

– Я думаю о Москве.

– А, понимаю!

4   Что вы делаете?

Diese Fragen können Sie schon beantworten.

– Что вы делаете?   – Я думаю.

– Вы думаете?   – Я думаю

– О чём вы думаете?   – О Москве.

5 Я – ты – ... HA

Erinnern Sie sich an die e-Konjugation? Ergänzen Sie.

думать	делать	понимать
я думаю	я делаю	я понима
ты думаешь	ты делаешь	ты понимаешь
он/она думает	он/она делает	он/она понимает
мы думем	мы делаем	мы понимем
вы думете	вы делаете	вы понимаете
они думают	они делают	они понимают

Б 6 Алфавит

a) Diese Buchstaben gibt es im Deutschen auch, sie sehen im Russischen nur anders aus.

(g) Гг Гг Гг Гг Гг Гг Гг Рр (т) Рр Рр Рр Рр Рр

(k) Кк Кк Кк Кк Кк Кк Сс (ss) Сс Сс Сс Сс Сс Сс

b) Und dies sind die neuen Buchstaben aus dem Abschnitt Б.

(DSх
(Journal)) Жж Ж ж Ж ж Ж госпожа госпожа

(ih) Йй Й й Й й Й й Й й русский русский

z Цц Цц Цц Цц Цц немец немец

c) Hören Sie wieder zuerst die Aussprache von der Kassette/CD und schreiben Sie dann die Sätze.

Ирина русская. Ирина русская. Ирина русская.

Она студентка. Она студентка. Она студентка.

И Маркус студент. И Маркус студент.

Он немец. Он немец. Он немец. Он немец.

Костя тоже студент. Костя тоже студент.

Он не немец, он русский. Он не немец, он русский.

А вы русский? А вы русский?

Нет, я немец. Нет, я немец.

А Жанна? Она русская? А Жанна? Она русская?

Да, она русская. Да, она русская.

А Сергей? А Сергей?

Сергей тоже русский. Сергей тоже русский.

Он студент? Он студент?

Нет, он доцент. (Dozent) Нет, он доцент.

А Андрей? А Андрей?

Андрей тоже доцент. Андрей тоже доцент.

7 А они говорят по-русски?

a) Sehen Sie sich die drei Fotos genau an. Hören Sie den Text von der Kassette / CD. Welcher Text passt zu welcher Person?

b) Hören Sie den Text noch einmal. Welche Aussagen sind richtig? Kreuzen Sie an.

1. Господин Мюллер – инженер.
2. Он понимает по-русски.
3. Катя – студентка.

4. Она не говорит по-русски.
5. Юра – журналист.
6. Он говорит по-немецки.

8 Вы понимаете по-русски?

Was machen Sie im Russischkurs? Ergänzen Sie das Gespräch.

– Что вы делаете ?

– Мы думаем .

– А вы говорите по-немецки ?

– Да, мы говорите по-немецки и по-русски.

– А вы понимаете, о чём мы говорите.

– Да, понимаем .

9   Она русская?

a) Hören Sie die Fragen von der Kassette/CD und beantworten Sie sie.

–Госпожа Смирнова русская?

– Госпажа Смирнова русская?

–Она студентка?

– Она студентка?

–А господин Райман? Он тоже русский?

– А господин Райман? Он тоже русский

–Он студент?

– Он студент?

–Он говорит по-русски?

– Он гаварит по-русски?

–А госпожа Смирнова?

– А госпожа Смирнова?

–Она понимает по-немецки?

– Она понимает по-немецки?

–А вы?   А вы?

b) Geschafft? Dann hören Sie jetzt die Antworten auf der Kassette/CD und vergleichen Sie sie mit Ihren Ergebnissen. Alles richtig?

10 Алфавит

a) Schreiben Sie die neuen Buchstaben und Wörter.

Бб Б б Б б Бб   баскетбол баскетбол

Зз Зз Зз Зз Зз Зз   разве разве разве

Фф Фф Фф Фф   алфавит алфавит

Ээ Ээ Э э Ээ э Ээ   это это это это это

b) Hören Sie die Kassette/CD und schreiben Sie die Sätze.

– Зоя играет в футбол.

– Зоя играет в футбол.

– Разве это интересно?

– Разве это интересно?

– Нет, футбол – это очень скучно.

– Нет, футбол – это очень очень скучно.

– Ты знаешь, что Борис играет в баскетбол?

– Ты знаешь, что Борис играет в баскетбол?

– Знаю, это здорово!

– Знаю, это здорово!

- Саша играет на гитаре.

- Саша играет на гитаре.

- А это интересно?

- А это интересно?

- Я думаю, что играть на гитаре очень интересно.

- Я думаю, что играть я гитаре очнь интересно.

- Я тоже так думаю.

- Я тоже так думаю.

11 Я или вы?

Welches Personalpronomen gehört zu welcher Verbform? Tragen Sie es ein.

Я		МЫ		ТЫ		ОН	ОНА
		ОНИ			ВЫ		
ты	знаешь			я	слушаю		
вы	говорите			ты	говоришь		
он / она	понимает			он / она	думает		
я	играю			вы	понимаете		
мы	говорим			он / она	слушает		
они	думают			мы	думаем		

12   А вы знаете?

Wie könnten die Gespräche lauten?

Наташа – на компьютере

– Вы знаете, что Наташа играет на компьютере?

– Да, знаю что Наташа играет на компьютере

– А разве это интересно?

– Нет, это скучно

Игорь – на балалайке

– Игорь играет на балалайке.

– А это интересно?

– Я думаю, что это скучно.

– Да я думаю доже что это скучно.

Света – в футбол

–

– Света не играет.

– Света знает что футбол

–

13 **Разве это интересно?**

Vervollständigen Sie den Dialog.

г-н Кремер: Госпожа Мюллер, вы *не знаете* , где
госпожа Смирнова?

г-жа Мюллер: Да, *знаю* . *Она* дома.

г-н Кремер: Дома? А что *она* там *делает* ?

г-жа Мюллер: *Я* думаю, что *она* *слушает* компакт-диск.

г-н Кремер: *Разве* *это* интересно?

г-жа Мюллер: *Вы* думаете, *что* *это* *неинтересно* ?
Я *тоже* *так* *думаю* .

г-н Кремер: В *парке* оркестр *играет* концерт
Чайковского! Я *думаю* , что *это* интересно!

г-жа Мюллер: Я *тоже* так *думаю* .

14 **Кроссворд**

In dem Buchstabensalat sind sieben
Verben im Infinitiv (auf -ть) versteckt.
Suchen Sie →, ↓ und ↘.

л	г	т	р	е	ф	б	а	с	л
п	о	н	и	м	а	т	ь	с	к
ё	в	д	м	и	в	н	й	л	р
й	о	у	д	д	г	б	к	у	у
у	р	м	ё	е	л	р	ч	ш	и
ю	и	а	ю	я	л	ц	а	а	й
я	т	т	с	м	ь	а	е	т	ч
э	ь	ь	т	з	н	а	т	ь	ь
е	и	у	г	к	ц	с	д	ь	р

1. *думать*

2. *понимать*

3. *знать*

4. *слушать*

5. *играть*

6. *говорить*

7.

15 Что они делают?

Вы знаете? Dann schreiben Sie's auf.

Мыслитель
(Роден)

Охотники
на привале
(Перов)

они говорят.

он думает.

16 Вот это интересно!

In einem Brief an eine russische Freundin berichten Sie von Ihrem Russischkurs. Was könnten Sie über госпожа Смирнова und господин Райман schreiben? Verwenden Sie diese Wörter:

немец   русская   доцент   понимать

говорить   играть   слушать

Госпожа Смирнова русская. Она доцент.
Она знает что Господин Райман немец.
Он не говорит па-русски и не панимает
что она говорит. Госпожа Смирнова
играет на балалайке и Г. Р. слушат и ф...
балалайку

Первое знакомство

A

1   Алфавит

a) Es fehlen nur noch drei Buchstaben! Üben Sie ein bisschen?

Х х   Х х   Х х   Х х   Х х   химик химик химик

Щ щ   Щ щ   Щ щ   Щ щ   Щ щ щи   щи   щи   щи   щи

ъ ъ ъ ъ ъ ъ ъ ъ ъ ъ ъ ъ ъ ъ ъ ъ ъ ъ ъ   объяснение объянение

b) Hören Sie die Aussprache von der Kassette / CD und schreiben Sie die Sätze.

Меня зовут Макс Лохнер.   Меня зовут Макс Лохнер.

А как вас зовут?   А как вас зовут?

Меня зовут Елена Шохина.   Меня зовут Елена Шохина.

Лохнер – это фамилия?   Лохнер – это фамилия?

Да, фамилия.   Да, фамилия, фамилия, фамилия.

А кто вы по профессии?   А кто вы по профессии?

Я архитектор. А вы?   Я архитектор. А вы?

Я химик.   Я химик, химик, химик химик.

А Хрущёв?   А Хрущёв?

Хрущёв – политик.   Хрущёв – политик.

А Зощенко – сатирик.   А Зощенко – сатирик.

2 Что это?

So einfach können Sie nach Gegenständen fragen. Probieren Sie es aus! Einige Wörter sind neu.
Hören Sie deshalb zuerst die Kassette / CD und schreiben Sie dann.

бутерброд
журнал
рюкзак
компакт-диск
телефон
видеокассета
гитара
радио
компьютер
футбол

- Что это?
- Это бутерброд.
- Что это?
- Это журнал журнал
- Что это?
- Это рюкзак.
- Что это?
- Это компакт-диск
- Что это?
- Это телефон

- Что это?
- Это видеокассета
- Что это?
- Это радио
- Что это?
- Это компьютер
- Что это?
- Это футбол
- Что это?
- Это гитара.

3 Загадка[1]

Wie heißen die Wörter? Setzen Sie Vokale ein.

нмц	немец	прфсс	профессия	бъснн	объяснение
првт	привет	гспж	госпожа	гспдн	господин
фмл	фамилия	рхтктр	архитектор	нфрмц	информация
стднтк	студентка	рсск	русски	брщ	борщ

[1]*Rätsel*

4 Кто они по профессии?

Wer hat welchen Beruf? Tragen Sie die Ziffern ein und schreiben Sie es auf.

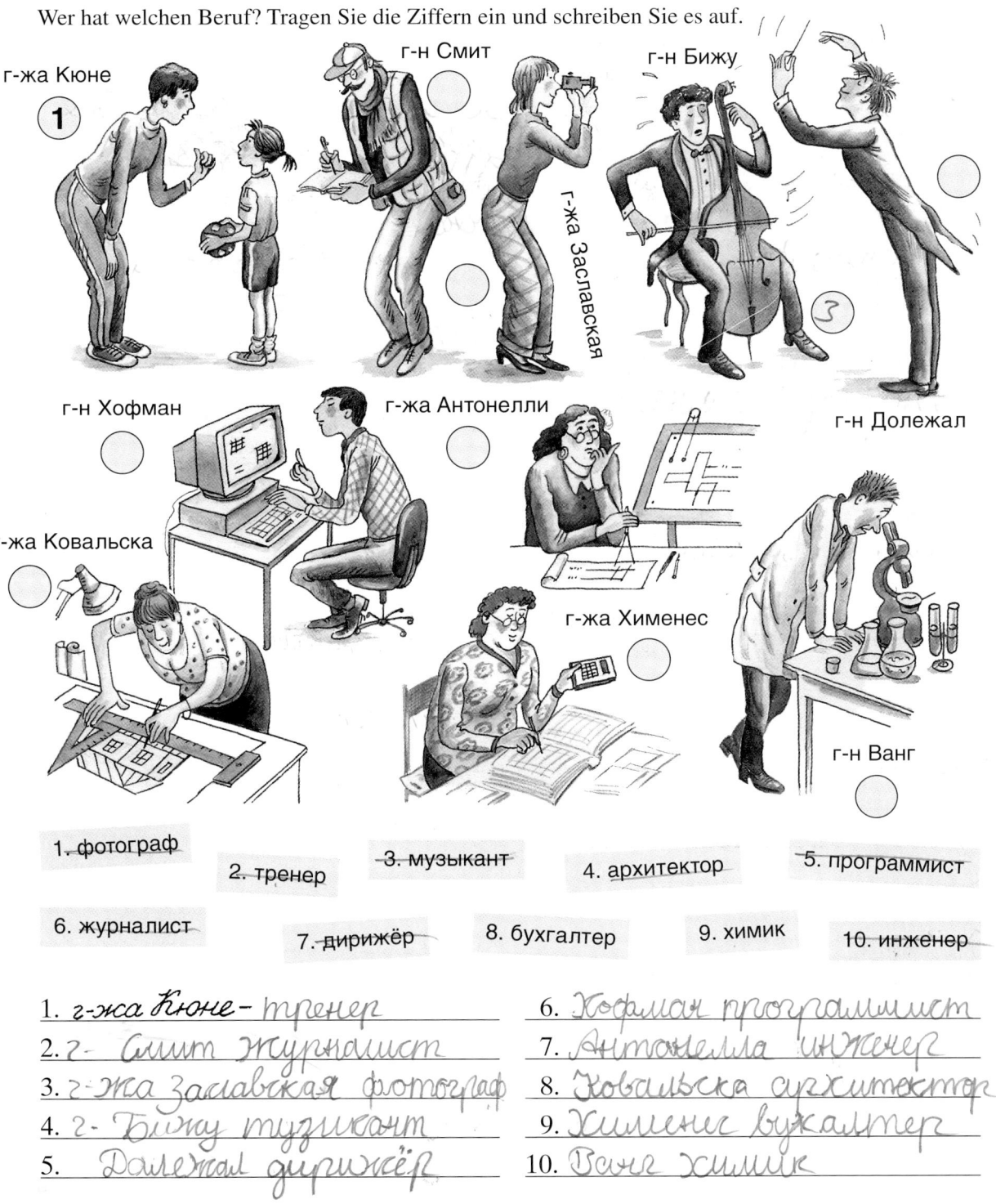

1. фотограф

2. тренер

3. музыкант

4. архитектор

5. программист

6. журналист

7. дирижёр

8. бухгалтер

9. химик

10. инженер

1. г-жа Кюне – тренер
2. г- Смит журналист
3. г-жа Заславская фотограф
4. г- Бижу музыкант
5. Долежал дирижёр

6. Хофман программист
7. Антонелла инженер
8. Ковальска архитектор
9. Хименес бухгалтер
10. Ванг химик

5 Здравствуйте!

Miteinander ins Gespräch kommen – das ist gar nicht so schwierig. Schreiben Sie die Dialoge auf.
Natürlich stellen auch Sie sich Ihrer Gesprächspartnerin vor.

Людмила
Брускова
менеджер

Марк
Горден
журналист

– Здравствуйте! Здравствуйте
– Меня зовут Марк Горден.
– Меня зовут Людмила Брускова.
– что скучно
– А кто вы по профессии?
– Я менеджер   . А вы?
– Я журналист.
–   . Как интересно!

Антонио
Петрелли
студент

Бригитте
Нойман
программист

– Привет!
–
–
–
– А кто ты по профессии?
– Я студент   . А ты?
– Я программист

вы
?

Вера
Назарова
редактор

–
–
–
–
–
–
–

6 Кто это?

Auf der Kassette / CD gibt es Informationen über diese russischen Persönlichkeiten. Welcher Text gehört zu welcher Person?

7 Что – кто – как?

Schreiben Sie die Fragen zu diesen Antworten auf.

1. *Что это?*

Это Москва.

2. *А кто вы по профессии?*

Я политик.

3. *Кто это?*

Это Александр Пушкин.

4. *Как по-русски ...?*

‹Sandwich› по-русски бутерброд.

5. *Кто это?*

Это Алла Пугачёва.

6. *Кто сокурсница?*

Это новая сокурсница.

7. *Как по-русски ...?*

Рюкзак по-немецки ‹Rucksack›.

8. _____

Это журнал ‹Шпигель›.

9. *А кто вы по профессии?*

Я хирург.

10. *А как вас зовут?*

Меня зовут Наташа.

8   А где они живут?

a) Wo könnten diese Personen wohnen?

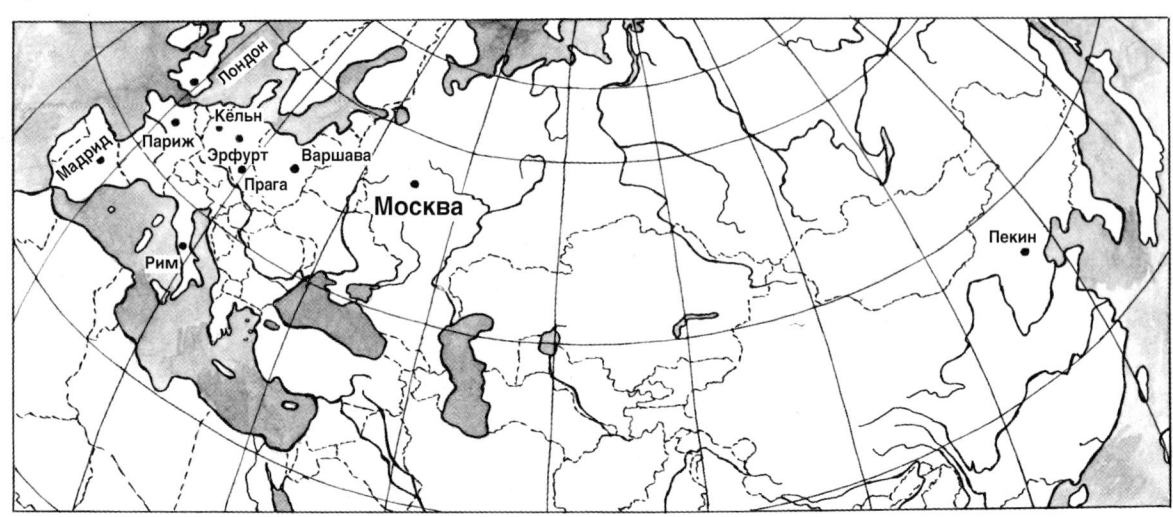

1. Госпожа Кюне живёт в _____ .

2. Господин Хофман _____ .

3. Госпожа Хименес _____ .

4. Господин Ванг _____ .

5. Госпожа Заславская _____ .

6. Господин Долежал _____ .

7. Госпожа Ковальска _____ .

8. Господин Смит _____ .

9. Госпожа Антонелли _____ .

10. Господин Бижу _____ .

b) Unterhalten Sie sich mit Sing Wang und Teresa Kowalska über Ihre Wohnorte. Mit Herrn Wang sind Sie per Du.

– Синг, где _____   – Госпожа Ковальска, _____

– _____

– А ты, где _____   – В _____

– В _____   – Да, _____

– Нет, я _____   – А вы, _____

– А, как _____   – Я _____

9 Кроссворд

a) In diesem Buchstabensalat sind 20 europäische Hauptstädte versteckt: zehn waagerecht und zehn senkrecht. Finden Sie alle? b) Schauen Sie sich die Endungen an und entscheiden Sie, ob es sich um ein Maskulinum oder ein Femininum handelt. Tragen Sie die Städte in die Liste ein.

Ы	П	Ю	Б	Р	А	С	Ю	Е	Л	Ь	А	Ф	Э	Щ
С	П	Ё	У	Ф	Й	Г	Ё	Я	Ы	П	Ь	Ш	С	Ж
Э	Х	В	Д	К	С	Л	Ы	Е	Э	Ё	Ы	Ю	В	Д
Р	М	Т	А	Л	Л	И	Н	С	Р	Й	К	Н	Ц	Е
Д	С	Щ	П	Ш	А	П	А	Р	И	Ж	Ш	Ч	П	У
Ч	Т	Ж	Е	Ю	Я	Р	И	Л	Г	Р	Д	Л	Ф	Р
В	А	Р	Ш	А	В	А	Э	М	А	И	Ж	З	К	Х
И	С	С	Т	О	К	Г	О	Л	Ь	М	Ц	В	Ф	А
Л	О	Р	У	Щ	Б	А	Ь	О	Ч	А	С	Д	Б	М
Ь	Ф	Х	Ю	З	Я	Ё	Б	Н	Ш	Х	Э	Щ	Ю	С
Н	И	Ш	М	А	Д	Р	И	Д	Ц	Е	М	Ц	Ж	Т
Ю	Я	Ф	Ч	Г	Ь	Э	Е	О	С	Ю	О	Ы	Х	Е
С	М	П	Ю	Х	З	О	Ю	Н	Р	Ь	С	Т	Д	Р
А	Ж	Ё	Я	Е	Р	Т	М	И	Н	С	К	Г	Л	Д
Ш	Х	Ч	Б	Б	В	Д	С	Е	Ц	И	В	Е	Н	А
К	О	П	Е	Н	Г	А	Г	Е	Н	Л	А	К	Д	М
Э	Д	Ф	Р	Ч	Е	Х	Ц	Ж	Ё	К	И	Е	В	Ж
З	У	И	Н	К	Л	Б	Е	Р	Л	И	Н	Ш	Ч	Э

Femininum

_____
_____
_____
_____
_____
_____

Maskulinum

_____
_____
_____
_____
_____
_____
_____
_____
_____
_____
_____
_____

c) In diesem Silbenrätsel können Sie Ihre Lösungen gleich überprüfen. Auch hier sind alle 20 Hauptstädte enthalten.

ВАР	ВЕ	ЕВ	ЛИН	ДАМ	РИД
ДОН	РИ	РИЖ	МИНСК	ГЕН	ПЕН
ГА	ГА	СО	РИМ	ЛИНН	ПЕШТ
ВИЛЬ	КВА	ША	КИ	СТОК	АМ
КО	МОС	СТЕР	НА	БЕР	ВА
БУ	БЕРН	МАД	ЛОН	ГА	ПРА
ДА	ПА	ГОЛЬМ	НЮС	ТАЛ	ФИЯ

10 Это моя сестра

a) Welche Form rechts passt zu den Satzanfängen links? Verbinden Sie die Satzhälften und schreiben Sie die vollständigen Sätze auf.

1. Это	мою сестру. 3
2. Это кассета	моей сестры. 2
3. Я понимаю	моя сестра. 1
4. Я говорю с	моей сестре. 5
5. Я думаю о	моей сестрой. 4

1. *Это*
2.
3.
4.
5.

b) Und wie heißt es, wenn nicht von Ihrer Schwester, sondern von Ihrer Freundin die Rede ist? (Denken Sie an die г / к / х-Regel: Statt ы immer и!)

1. *Это*
2.
3.
4.
5.

c) Berichten Sie jetzt von госпожа Шрёдер. (Wie war das mit den Zischlauten?)

1. *Это*
2.
3.
4.
5.

11 Вот вопрос[1]. А где ответ[2]?

Beantworten Sie die Fragen. Verwenden Sie die Angaben in den Klammern.

1. Ваша сестра живёт в Москве? (Берлин)

_____

2. Это компьютер вашей подруги? (моя сокурсница)

_____

3. Вы слушаете музыку с вашей сестрой? (моя подруга)

_____

4. Вы с сестрой говорите о Берлине? (Москва)   *Wir + meine Schwester wohnt de ...*

_____

5. Ваша подруга говорит по-русски? (моя сокурсница)

_____

[1]Frage [2]Antwort

12 Здравствуйте!

Der Dialog ist völlig durcheinander geraten. Welche Antwort gehört zu welcher Frage? Sortieren Sie das Gespräch und tragen Sie die Ziffern für die richtige Reihenfolge ein. Schreiben Sie den Dialog.

— Здравствуйте!

9	– А вы хорошо говорите по-русски.
4	– Нет, это фамилия.
12	– Знаю, это новая сокурсница.
2	– Митсуко Хирафуку.
3	– Хирафуку – это имя[1]?
7	– А кто вы по профессии?
5	– Вы живёте в Токио?
11	– А вы не знаете, кто это?
10	– Правда[2]? Спасибо.
8	– Я инженер.
6	– Нет, я живу в Берлине.
1	– Здравствуйте! Меня зовут Гудрун Мюллер. А как вас зовут?

[1]Vorname [2]wirklich, ehrlich

B

13 Какие газеты читают в России?

Sie suchen Informationen zu bestimmten Themen. In welcher Zeitung oder Zeitschrift schauen Sie zuerst nach? Schreiben Sie die Namen auf.

junge Mode
_____

alternative Ernährung
_____

Kultur in Moskau
_____

Fernsehprogramm
_____

internationale Wechselkurse
_____

aktuelle Sportberichte
_____

Buchrezensionen
_____

Firmenfusionen
_____

politisches Zeitgeschehen
_____

[1]здоровье _Gesundheit_ [2]семь дней _sieben Tage_ [3]время _Zeit_

 14 Кто что делает?

Hören Sie die Kassette / CD, dann erfahren Sie, wer gerade was macht.

1. Максим   слушает музыку по радио.
2. Тамара   играет на флейте.
3. Егор   смотрит видеокассету.
4. Лена   читает ‹Правду›.
5. Иван   едет в гостиницу.
6. Юлия   говорит с Машей по телефону.
7. Юрий   играет в парке в волейбол.

15   Вера, Игорь, Верочка

a) Wie heißen die Väter dieser Personen mit Vornamen?

Вера Игоревна	*Игорь*	Жанна Витальевна	_____
Елена Андреевна	_____	Людмила Николаевна	_____
Игорь Александрович	_____	Дмитрий Сергеевич	_____
Иван Петрович	_____	Татьяна Владимировна	_____
Ольга Михайловна	_____	Екатерина Ивановна	_____

b) Und wie haben die Väter wohl ihre Kinder genannt, als sie noch klein waren? Schauen Sie in der Liste im Anhang Ihres Lehrbuchs (Seite 245) nach, wenn Sie unsicher sind.

Вера Игоревна	*Верочка*	Жанна Витальевна	_____
Елена Андреевна	_____	Людмила Николаевна	_____
Игорь Александрович	_____	Дмитрий Сергеевич	_____
Иван Петрович	_____	Татьяна Владимировна	_____
Ольга Михайловна	_____	Екатерина Ивановна	_____

16   Это Елена Егоровна

Zur Anrede dieser Personen brauchen Sie den Vor- und Vatersnamen, denn Sie sind (noch) per Sie. Schaffen Sie es, die Vatersnamen von den Vornamen der Väter abzuleiten?

Егор
Елена

Андрей
Нина

Пётр
Илья

Михаил
Ирина

Александр
Миша

Сергей
Максим

Елена Егоровна _____   _____

_____   _____

_____   _____

17 Что они делают?

Schreiben Sie auf, wer was macht.

я ты он она мы вы они	ехать видеть понимать думать говорить читать спрашивать отвечать	(в) (с) (о)	сестра подруга ? газета музыка гостиница ? Москва сокурсница реклама

1. *Я читаю газету.*

2. _____

3. _____

4. _____

5. _____

6. _____

7. _____

18 Визитная карточка

Was wissen Sie über diese Personen? Notieren Sie Namen und Wohnorte. Finden Sie auch die Berufe heraus? Schwierig? Stimmt, aber Sie haben bestimmt eine Idee!

Это Фёдор Александрович Вестов.
Он живёт в Саратове. По профессии
он юрист.
Это

_____

_____

_____

_____

МИННАЦ РФ
Землячество немцев Поволжья

ВЕСТОВ ФЕДОР АЛЕКСАНДРОВИЧ

Кандидат юридических наук
Руководитель рабочей группы по Саратовской области
Зам. председателя совета

410071, Россия, г. Саратов, ул. Рабочая, 22
ФАКС (845-2) 518-872   Тел. (845-2) 24-36-15,
Телекс 241148 GDH SU   51-88-70, 51-91-10

Русский ПЕН-центр

Турчанинова
Екатерина Константиновна

Зам. генерального директора
переводчица

103031, Москва
ул. Неглинная, 18/1, стр. 2   тел. (095) 209-9489
                                     факс (095) 200-0293

MK   РЕДАКЦИЯ ГАЗЕТЫ
«МОСКОВСКИЙ КОМСОМОЛЕЦ»

НОВОЖЕНОВ
Лев Юрьевич

Заместитель главного редактора

тел. (095) 259-91-25

123848 Москва
ул. 1905 года, 7

В Москве

A

1 Слова[1]

a) Hören Sie die Wörter von der Kassette / CD und lesen Sie sie anschließend laut.

> завтракать – группа – гостиница – идти – подруга – говорить – пить
>
> понимать – музыка – смотреть – турист – газета – читать – кока-кола

b) Teilen Sie die Wörter in zwei Gruppen ein und schreiben Sie sie auf. Was meinen Sie, welche Gruppen bieten sich an? 1. _____ + 2. _____

1. _____   1. _____
2. _____   2. _____
3. _____   3. _____
4. _____   4. _____
5. _____   5. _____
6. _____   6. _____
7. _____   7. _____

[1]*Wörter*

c) Welche der Wörter von oben passen hier? Sie schaffen es bestimmt, die Lücken zu füllen!

Утром группа _____ в _____ . Потом они

_____ на Красную площадь. Там они _____

Кремль и ГУМ. Потом в кафе они _____ кофе или

_____ . А вечером они _____ в Большой

театр. Они знают и _____ классическую музыку.

2 А вы знаете?

a) Welche Wörter sind hier versteckt?

> у т _ _ м   у л _ _ а   п о с _ _ _ _ _ м   п л _ _ _ д ь
>
> ц _ _ _ р   м _ _ р о   г о с _ _ _ _ _ а   в е _ _ _ о м
>
> г _ _ е _ а   н _ _ _ ц   с _ _ _ д _ я   н _ к _ _ _ ц

b) Finden Sie hier auch alle Wörter?

1. днёметротвечаютеатр

_____

_____

3. автобусестразведутром

_____

_____

2. откудаллонидтиграюты

_____

_____

4. борщинтереснонаконец

_____

_____

3 Куда вы идёте?

Ergänzen Sie идти in der richtigen Form.

– Привет! Ты куда _____ ?

– В парк. Вы тоже в парк _____ ?

– Нет, мы _____ в кино. Сегодня премьера.
   Ты _____ с нами[1]?

– Да, но я думаю пригласить Таню в кино.

– Таню? А она уже _____ с Сашей.

– Они _____ в кино – Таня и Саша!?

[1]uns

4 Что мы делаем утром?

Sie erwarten einen russischen Gast und überlegen, wie Sie den Tag verbringen könnten. Natürlich notieren Sie Ihre Vorschläge auf Russisch, damit Sie sie gemeinsam besprechen können.

Утром мы _____

_____

Днём мы _____

_____

Вечером мы _____

_____

5 А что вы пьёте?

a) Wie geht es weiter?

я пью _____   он/она _____   вы _____

ты _____   мы _____   они _____

b) Ergänzen Sie jetzt пить in der richtigen Form.

– А что это она _____ ?

– Она? Чай[1] с молоком[2].

– С молоком? Я думаю, что русские
  _____ чай с лимоном?

– Мы _____ чай с лимоном или
  с молоком или с вареньем[3]. А вы что
  _____ ?

– Мы _____ и чай, и кофе.
  Я _____ кофе с молоком.

[1]Tee [2]Milch [3](eingekochte) Konfitüre

6 А вы едете в Москву?

Ergänzen Sie ехать in der richtigen Form.

– Ты знаешь, что я _____ в Москву?

– Ты _____ в Москву? Разве это
  интересно?

– Очень! Ведь[1] я говорю по-русски.

– А сын, он тоже _____ ?

– Да, сын и моя подруга Сильвия с
  Манфредом.

– Разве они тоже _____ ?

– Да, весь[2] наш курс _____ .
  Сначала мы _____ в Москву,
  а потом в Санкт-Петербург.

– Ну, не знаю. Я думаю, что Майорка – вот это
  интересно!

[1]doch [2]ganz

7 Давайте посмотрим ‹Мастера и Маргариту›!

Lesen Sie die Theaterprogramme und tragen Sie ein,
in welchem Theater Sie Karten reservieren,
wenn Sie …

1. … ‚Lady Macbeth‘
   sehen wollen?
2. … Bulgakows
   ‚Meister und
   Margarita‘ lieben?
3. … ‚Boris Godunow‘
   von Puschkin
   anschauen wollen?
4. …sich für die
   Uraufführung des
   ‚Letzten Tangos‘
   entscheiden?
5. … schon immer
   einmal ‚Romeo
   und Julia‘ sehen
   wolllten?

(А)

ТЕАТР им. Вл. МАЯКОВСКОГО
Б.Никитская ул., 19, ст. м. Арбатская
Тел. 290-4658
ОСНОВНАЯ СЦЕНА
Горбун. С.Мрожек (1, 14, 22)
Любовь студента. Л.Андреев (2)
Иван-Царевич. Ю.Михайлов (2, 9, 16, 2...
  — в 12 час.)
Приключения Буратино. А.Толстой (3, 10, 17,
24, 31 — в 12 час.)
Наполеон Первый. Ф.Брукнер (3, 10, 29)
Валенсианские безумцы. Лопе де Вега (4, 11)
Театральный романс. По А.К.Толстому (6, 15, 24)
КИН IV. Г.Горин. ПРЕМЬЕРА (7, 23, 28)
Леди Макбет Мценского уезда.
  По Н.Лескову (8, 17, 31)
Шутка мецената. А.Аверченко (9)
Жертва века («Последняя жертва»).
  А.Островский (13, 21, 27)
Плоды просвещения. Л.Толстой (16)
Виктория?! Т.Реттиган (18, 31)
Круг. С.Моэм (20, 25)

(Б)

МХАТ им. А.П. ЧЕХОВА
Камергерский пер., 3, ст. м. Театральная
тел. 229-8760
ОСНОВНАЯ СЦЕНА
Маскарад. М.Лермонтов (1)
Мишин юбилей. А.Гельман (2/18 час.)
Тойбеле и ее демон. И.Зингер, И.Фридман
(3, 16/18 час.)
Кабала святош. М.Булгаков (5)
Тартюф. Ж.-Б. Мольер (8, 17/18 час.)
Борис Годунов. А.Пушкин (9, 10/18 час.)
Горе от ума. А.Грибоедов (12)
Амадей. П.Шеффер (15)
ГРОЗА. ...Островский. ПРЕМЬЕРА (23/18
час., 24/1...
Ундина. ...
Иванов. ...

(В)

БОЛЬШОЙ ТЕАТР РОССИИ
Театральная пл., 1
ст. м. Театральная
Тел. 292-9986, 292-0050
РОМЕО И ДЖУЛЬЕТТА. Прокофьев.
ПРЕМЬЕРА (1, 3)
БЕЛОСНЕЖКА И СЕМЬ ГНОМОВ.
Хачатурян. ПРЕМЬЕРА (8/12 час.)
Спартак. Хачатурян (10, 12)
Анюта. Гаврилин (17/12 час.)
МЕТЕЛЬ. Свиридов. ПРЕМЬЕРА
(21, 24, 26, 27)
ПОСЛЕДНЕЕ ТАНГО. Пьяццола. ПРЕМЬЕРА
(24, 26, 27)

(Г)

ТЕАТР НА ТАГАНКЕ
ул. Земляной вал, 76, ст. м. Таганская
Тел. 915-1015
ОСНОВНАЯ СЦЕНА
Борис Годунов. Пушкин (1)
Медея. Еврипид (2, 3)
Мастер и Маргарита.
По М.Булгакову (4, 5)
Владимир Высоцкий (7)
Тартюф. Ж.-Б. Мольер (8, 10)
Живой. По Б.Можаеву (9)

1	2	3	4	5

8 Привет из Москвы

Sie sind mit Ihrer Gruppe in Moskau angekommen und schreiben eine Postkarte an Ihre Freundin
Анна Андреевна in St. Petersburg. Berichten Sie von Ihren Plänen für den nächsten Tag.

Москва.
Вид на Кремль.

Дорогая Анна!
Привет из Москвы! Я живу в
гостинице „Россия“ Завтра мы
посмотрим Москву. Утром мы

днём

а вечером

Как это интересно!
Вот пока и всё.
Твой/Твоя

ЧУВАШСКАЯ РЕСПУБЛИКА
ЧĂВАШ РЕСПУБЛИКИ

РОССИЯ
ROSSIJA · 2000   3.00

198103 Санкт-Петербург

Лермонтовский пр. 142/15

Семёновой Анне Андреевне

Фото Н. Рахманова

9 Кроссворд

Hier sind zehn Zahlwörter versteckt.
Schreiben Sie die Zahlen in der richtigen
Reihenfolge auf. Suchen Sie → und ↓ .

о	ч	е	т	ы	р	е	п	а
к	д	р	д	в	а	с	я	к
й	е	о	б	о	ъ	г	т	ж
ш	в	д	е	с	я	т	ь	щ
и	я	и	ш	е	с	т	ь	в
р	т	н	ф	м	л	р	з	к
д	ь	ч	м	ь	р	и	к	э

_____   _____

_____   _____

_____   _____

_____   _____

_____

10 Цифры

a) Welche Zahlen hören Sie auf der
Kassette / CD? Markieren Sie die Ziffern.

b) Hören Sie weiter und tragen sie die Zahlen,
die in den Dialogen A–E genannt werden, in die
Kästchen ein.

1	4	7	10	9	12
3	11	6	2	5	8

А	Б	В	Г	Д	Е

11 Математика

Schreiben Sie die Zahlen in Worten.

3 + 1 = ?   *три + один = четыре* _____

5 + 3 = ?   _____

8 + 4 = ?   _____

6 + 1 = ?   _____

7 + 3 = ?   _____

1 + 4 = ?   _____

4 + 2 = ?   _____

6 + 5 = ?   _____

2 + 7 = ?   _____

Б

12 Можно тебя пригласить?

Wohin laden Ihre russischen Freunde Sie ein? Füllen Sie die Sprechblasen aus.

13 Кто это? Что это?

Ordnen Sie die Substantive in zwei Gruppen und tragen Sie sie in die Listen ein.

театр	метро	станция	мальчик	площадь
муж	газета	бабушка	подруга	сокурсница
сын	гостиница	журнал	сестра	мужчина

Wer (lebendig)
КТО?

Was (unbelebt)
ЧТО?

Wer ist wer?

14 Кузнецовы

Schauen Sie sich Familie Кузнецов an und notieren Sie die Verwandtschaftsverhältnisse.

1. Роза Павловна – _____ Андрея Александровича.

2. Михаил Андреевич – _____ Андрея Александровича.

3. Роза Павловна – _____ Лены и Максима.

4. Максим – _____ Михаила Андреевича и Ольги Петровны.

5. Михаил Андреевич – _____ Ольги Петровны.

6. Лена – _____ Ольги Петровны и Михаила Андреевича.

Михаил Андреевич

Ольга Петровна

Максим

Лена

Андрей Александрович

Роза Павловна

15 Мой сын

Was passt zusammen? Verbinden Sie und schreiben Sie die Sätze auf.

Ты знаешь	Он приглашает[1]	Они говорят	о моём сыне.
Она понимает			моего сына.
Я гуляю	Он слушает	Я читаю	с моим сыном.
	Они играют		моему сыну.

1. _____

2. _____

3. _____

4. _____

5. _____

6. _____

7. _____

8. _____

[1]einladen

16 Вопросы[1]

Sie kennen schon jede Menge Fragewörter. Erinnern Sie sich an alle? Wenn Sie unsicher sind, können Sie auf Seite 24 im Lehrbuch nachschauen. Beantworten Sie die Fragen über Ihren Sohn.

1. Кто это?

_____

2. Как зовут вашего сына?

_____

3. С кем вы гуляете?

_____

4. Кого вы понимаете?

_____

5. С кем играет мальчик?

_____

6. Кому вы читаете?

_____

7. О ком вы говорите?

_____

[1]*Fragen*

17 Вечером

Wer unternimmt was am Abend? Haben Sie eine Idee?

Ольга Вы Павел Я Они Ты Ирина Мы Михаил	**идти ехать**	театр. цирк? концерт. парк. кино. бар. ресторан? …?

18   А кто это?

Die Gruppe ist am Новодевичий-Kloster. Frau Müller und Herr Krämer haben Familie Удальцов eingeladen mitzukommen. Sie erkundigen sich nach den anderen Kursteilnehmern. Ergänzen Sie.

– Как зовут этого _____ (господин)?

– Это _____ (господин) Брем.

– А кто этот _____ (мальчик)?

– Это _____ _____ (сын, господин) Брем.

– А как зовут _____ (сын)?

– _____ (сын) зовут Флориан. Он играет на _____ и на

_____ (гитара, флейта) и хорошо знает русскую _____

(музыка).

– А это _____ _____ (жена, господин) Брем?

– Да, она новая _____ (сокурсница).

– Они тоже живут в _____ (Дрезден)?

– Да, а в _____ (Москва) в _____ (гостиница)

‹Россия›.

19   А вы?

Beantworten Sie die Fragen mit den Wörtern in den Klammern.

1. Я читаю газету. А вы? (журнал)

_____

2. Я пью утром кофе с молоком[1]. А вы? (чай[2], лимон)

_____

3. Она идёт в ресторан. А вы? (театр)

_____

4. Он слушает оперу в театре. А вы? (концерт, парк)

_____

5. Я иду в кино с подругой. А вы? (ресторан, сын)

_____

6. Я отвечаю сыну моей подруги. А вы? (жена, мой сын)

_____

[1]Milch [2]Tee

7. Они едут на метро в центр. А вы? (автобус, театр)

_____

8. Он приглашает[1] подругу в кино. А вы? (жена, цирк)

_____

9. Она говорит о сыне подруги. А вы? (подруга, сын)

_____

10. Я говорю с сыном о фильме. А вы? (сестра, театр)

_____

[1]*einladen*

20 Знакомство[1]

Вы вечером гуляете по Дрездену. У Цвингера стоят мужчина, женщина и мальчик. Они смотрят на Цвингер и говорят по-русски. Вы понимаете, что они из Москвы. Sie möchten sie kennen lernen und zum Essen einladen. Schreiben Sie das Gespräch auf.

[1]*Bekanntschaft*

B   21   Новая квартира

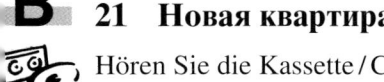

Hören Sie die Kassette / CD.

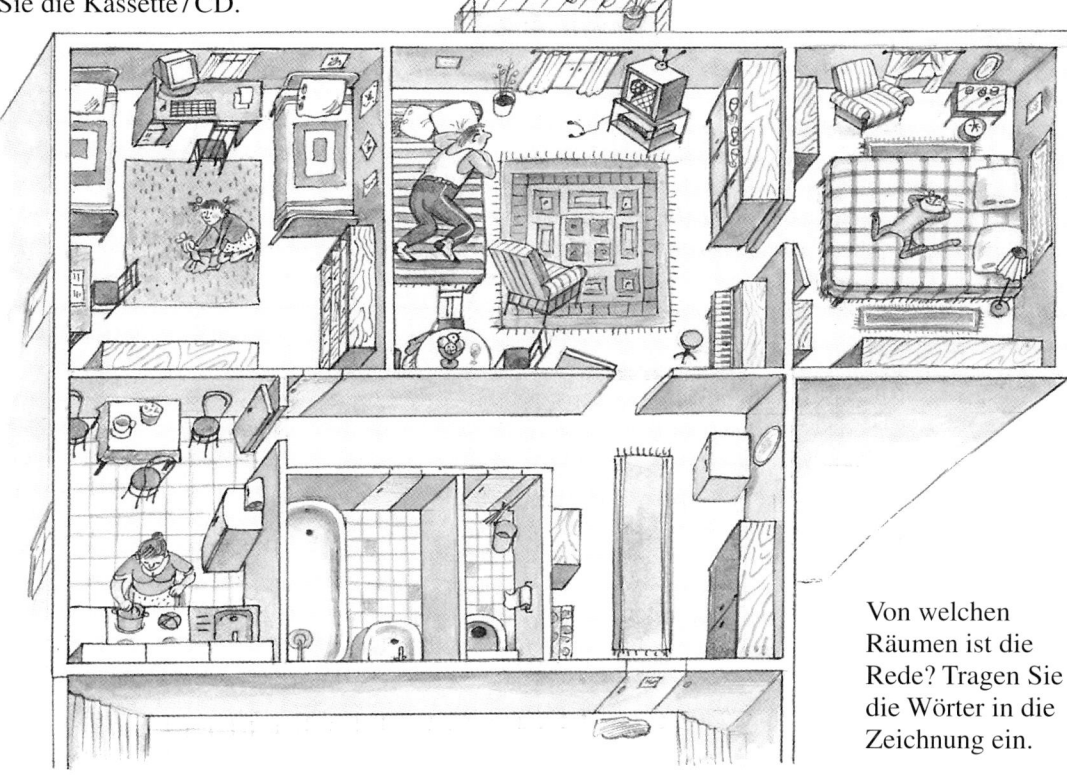

Von welchen
Räumen ist die
Rede? Tragen Sie
die Wörter in die
Zeichnung ein.

22   Пожалуйста, за стол!

Что на столе? Schreiben Sie es auf.

_____
_____
_____
_____
_____
_____
_____
_____
_____
_____
_____

23 Что они делают?

Vervollständigen Sie die Aussagen.

1. Г-жа Мюллер и г-н Кремер смотрят на _____ _____ _____ (храм Христа Спасителя).
2. Удальцовы приглашают[1] г-жу Мюллер и г-на Кремер в _____ _____ (Большой театр).
3. Г-жа Мюллер смотрит _____ (видеокассета) из Москвы.
4. Татьяна Смирнова не знает какая _____ (Москва) сегодня.
5. Давайте посмотрим Тверскую _____ (улица).
6. Я читаю факс _____ _____ (моя сестра).
7. _____ _____ (мой муж) зовут Штефан.
8. Я говорю с _____ (моя) русской _____ (подруга) по-немецки.
9. Я читаю _____ (журнал) _____ _____ (мой сын).

[1]*einladen*

24 Это хорошая[1] идея!

a) Wer unternimmt was? Verbinden Sie.

1. г-жа Вандер
2. г-н Кремер
3. г-жа Мюллер
4. Татьяна Петровна
5. Удальцовы

а) Университет имени[2] Ломоносова
б) улица Волгина
в) Красная площадь
г) Третьяковская галерея
д) Тверская улица

b) До какой станции[3] метро они едут? Verwenden Sie den U-Bahnplan auf Seite 35 im Lehrbuch und tragen Sie die Stationen ein.

1. Красная площадь   метро ‹_____›.
2. Третьяковская галерея   метро ‹_____›.
3. Тверская улица   метро ‹_____›.
4. Университет имени Ломоносова   метро ‹_____›.
5. улица Волгина   метро ‹_____›.

[1]*gut* [2]*namens, mit Namen* [3]*Station, Haltestelle*

25 В метро

Nummerieren Sie das Gespräch in der richtigen Reihenfolge und schreiben Sie es auf. Hören Sie jetzt die Kassette / CD und vergleichen Sie die Aufnahme mit Ihren Ergebnissen. Alles richtig? Здорово!

◯ Меня зовут Владимир Егоров. Я тоже еду до ‹Третьяковской› и объясняю, где галерея.

◯ Вот хорошо. Спасибо!

◯ Правда[1]? А вы хорошо говорите по-русски.

◯ Да, я из ФРГ.

◯ Герд Фишер. А вас?

◯ Это станция[2] метро ‹Третьяковская›. А вы турист?

◯ Спасибо, но я думаю, что ещё не очень хорошо. Вы живёте в Москве?

◯ В Дортмунде.

◯ А, Дортмунд – ‹Боруссия›? Здорово! А как вас зовут?

1 Извините, а Третьяковская галерея – это где?

◯ Да, а где вы живёте?

[1]wirklich, ehrlich [2]Station, Haltestelle

26 Вечеринка

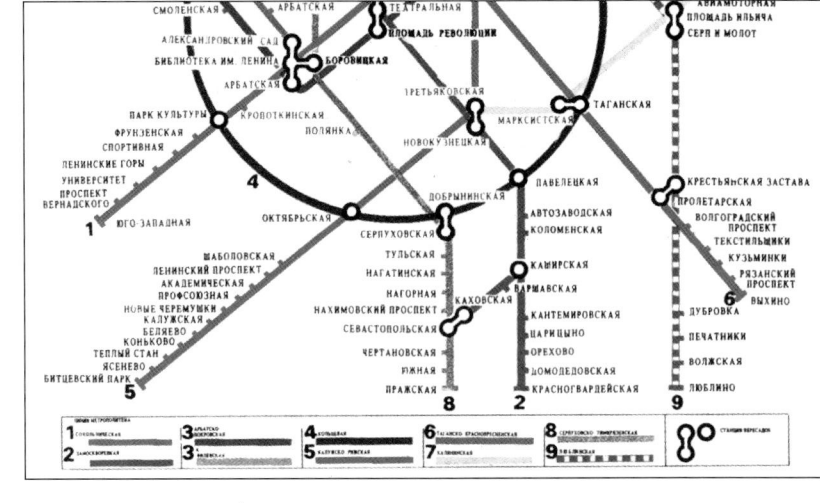

Дима hat bald Geburtstag.
Er möchte seine Freunde zu
einer вечеринка (einem
kleinen Fest) einladen. Da
er selbst ein сладкоежка
(Schleckermäulchen) ist,
will er möglichst viele
Süßigkeiten besorgen.
Seine Mutter begleitet ihn
zu einem Großmarkt.

1. Где эта фирма?

1. _____

2. Von wann bis wann hat das Geschäft
   geöffnet?

2. _____

3. Дима живёт на улице Волгина. Wie
   oft müssen die beiden in der Metro umstei-
   gen? Wie heißen die Umsteigebahnhöfe?

3. _____

   _____

4. Was könnte сладкоежка Дима für seine
   вечеринка alles besorgen?

4. _____

5. Weil die Preise so günstig sind, kauft
   Dimas Mutter ein paar Vorräte. Was
   meinen Sie, welche?

5. _____

   _____

В гостях у московской семьи

1 Что они отвечают?

Hören Sie die Kassette / CD. Welche Antwort gehört in welche Sprechblase? Tragen Sie sie ein.

2 У кого?

Я kennen Sie. Und wie heißt *ich habe*?

я	–	у _____
ты	–	у _____
он	–	у _____
она	–	у _____
мы	–	у _____
вы	–	у _____
они	–	у _____
	***	
сестра	–	у _____
сын	–	у _____

3 А у вас?

Schaffen Sie es, in diesen Kurzdialogen *etwas haben / besitzen* zu ergänzen? Конечно!

1. – Какая у _____ квартира? (ты)
   – У _____ трёхкомнатная квартира. (я)
   – А у _____ ? (вы)
   – У _____ двухкомнатная квартира. (мы)

2. – Вот у _____ маленький подарок[1]. (мы)
   – У _____ подарок? (вы) Большое спасибо!

3. – Ты знаешь, что у _____ новая подруга? (он)
   – У _____ новая подруга? (он) Как интересно!
   – А у _____ ? (ты)
   – У _____ ничего[2] нового нет! (я)

[1] *Geschenk* [2] *nichts (+Gen.)*

4 Есть!

Die Antwort ist: «Есть.» Aber wie lauten die Fragen?

1. У _____ (он) есть фотоаппарат?

2. У _____ (она) есть телефон?

3. У _____ (вы) есть компьютер?

4. У _____ (он) есть балалайка?

5. У _____ (ты) есть квартира?

6. У _____ (они) есть детская?

7. У _____ (вы) есть семья?

8. У _____ (она) есть сын?

9. У _____ (ты) есть видеокамера?

5 Вот ответ[1]. А вопрос[2]?

Jetzt können die Antworten schon ausführlicher sein. Schreiben Sie die Fragen auf.

1. *У него есть подруга?*

Да, у него есть подруга.

2. _____

Да, у меня есть гитара.

3. _____

Да, у нас есть видеокамера.

4. _____

Да, у них есть компьютер.

5. _____

Да, у неё есть телефон.

6. _____

Да, у меня есть дача[3].

7. _____

Да, у него есть хобби.

[1]*Antwort* [2]*Frage* [3]*Wochenendhaus*

6   Что у них есть?

Wer hat was? Verwenden Sie die Adjektive маленький, большой und новый, sonst wird's zu schwierig.

Борис Андреевич (сын)

Света (компьютер)

Людмила Фёдоровна (подарок)

Таня и Иван (кухня)

Олег (гитара)

Наташа Викторовна (семья)

1. _У Светы есть_ _____
2. _____
3. _____
4. _____
5. _____
6. _____

7   Кто где спит?

Wer schläft wo? Haben Sie eine Idee?

Я сплю на улице. _____

_Ты_ _____

_Он_ _____

Она _____

_Мы_ _____

_Вы_ _____

Они _____

8 Игра: А что у вас?

Zu diesem Spiel brauchen Sie eine Partnerin/einen Partner, einen Würfel und zwei Spielsteine. Ihre Aufgabe ist es, zu den Angaben auf den Spielfeldern Aussagen zu machen (natürlich in ganzen Sätzen!). Würfeln Sie abwechselnd und rücken Sie um die gewürfelte Zahl vor. Ist Ihr Satz richtig, bleiben Sie auf dem Spielfeld stehen. Ist er falsch, gehen Sie drei Felder zurück. Wer ist zuerst am Ziel?

Цель

15 я	14 мы	13 ты	12 вы
			11 она
6 он	7 мы	8 вы	9 они	10 он
5 я				
4 они	3 ты	2 она	1 я	**Старт**

Б 9 Что это?

a) Wie heißen diese Lebensmittel auf Russisch? Tragen Sie die Ziffern ein. Zu welchen drei Wörtern gibt es keine Zeichnung?

◯ _____   ◯ _____   ◯ _____

1. мороженое	2. борщ	3. колбаса	4. сыр	5. торт	6. мясо

7. ветчина	8.чай	9. блины	10. мясо в горшочке	11. лимоны

12. шампанское	13. минеральная вода	14. рыба	15. варенье

b) Stellen Sie eine Speisekarte zusammen. Ja, es dürfen Ihre Lieblingsgerichte sein! Und unter fünf Gängen lohnt es sich nicht, also *Vorspeisen, Suppen, (warme) Hauptgerichte, Desserts* und *Getränke*.

Меню

Закуски _____

_____

_____

Супы _____

Горячие блюда

_____

_____

Десерт _____

_____

_____

Напитки

_____

_____

_____

10 У нас гости

a) Вера Валентиновна und Борис Михайлович erwarten Frau Müller und Herrn Krämer zum Abendessen. Was steht auf ihrem Einkaufszettel?

_____

_____

_____

_____

_____

_____

b) Sie möchten für Ihre russischen Freunden kochen. Da Ihre Freunde den Einkauf übernehmen, schreiben Sie den Einkaufszettel natürlich auf Russisch.

_____

_____

_____

_____

_____

_____

11 Кроссворд

Wie heißen diese Lebensmittel auf Russisch? Wenn Sie das Lösungswort herausgefunden haben, kennen Sie den russischen Oberbegriff.

12 Я ем, ты …

Wie geht es weiter?

я _____

ты _____

он / она _____

мы _____

вы _____

они _____

13 Что они едят и пьют?

1. Он _____

_____ и

_____ .

2. Они _____

_____ и

_____ .

3. А мы _____

_____ и

_____ .

4. Она _____

_____ и

_____ .

5. А что вы едите и пьёте?

Я _____ и

_____ .

14 Нет, я … не …

Man kann nicht immer ‚ja' sagen. Schreiben Sie, was diese Personen stattdessen tun.

1. Вы читаете газету?

Нет, я читаю не газету, я читаю журнал.

2. Он пьёт кофе?

_____

3. Они идут в кино?

_____

4. Мы идём в ресторан?

_____

5. Ты играешь на флейте?

_____

6. Вы едете в гостиницу?

_____

15 А вы знаете?

Welches Verb passt?

есть   жить   читать
пить   играть   слушать

1. журнал, газета, факс _____   4. радио, музыка, концерт _____

2. чай, кофе, сок _____   5. футбол, теннис, волейбол _____

3. икра, борщ, салат _____   6. ФРГ, Дрезден, Москва _____

16 Слова[1] – слова

Wenn Sie die Wörter ordnen, finden Sie die Oberbegriffe bestimmt.

политик	жена	кухня	сын	архитектор
муж	журналист	сестра	детская	ванная
программист	туалет	комната	бабушка	бухгалтер

1. _____

_____

2. _____

_____

3. _____

_____

| 1. |
| 2. |
| 3. |

[1]Wörter

17 Мы завтракаем

a) Die Formen von есть und пить können Sie inzwischen. Aber wiederholen kann nichts schaden!

Я утром ничего не _____ , а только _____

кофе. Моя жена _____ бутерброд с колбасой и

_____ чай. Сын и дочь _____ йогурт.

Сын иногда[1] _____ сыр. Жена иногда

_____ ветчину и _____ сок.

b) А что вы _____ на завтрак?

_____

_____

[1]manchmal

50 пятьдесят

18   Кто что ест?

a) Wo findet das Gespräch statt? Hören Sie die Kassette / CD.

☐ в театре ☐ в ресторане ☐ в гостях ☐ в метро

b) Hören Sie den Dialog noch einmal und notieren Sie die Namen der Personen.

c) А что они едят и пьют? Schreiben Sie es auf. Das schaffen Sie bestimmt!

19   А у него?

Beantworten Sie die Fragen.

– Какая у неё квартира? – У неё двухкомнатная квартира.

– А у него? – _____ .

– А какая у тебя квартира? – _____ .

– А у них? – _____ .

– А какая квартира у вас? – _____ .

* * *

– А дети у него есть? – Нет, детей у него нет.

– А у неё? – _____ .

– У тебя есть дети? – _____ .

– А у них есть дети? – _____ .

– А у вас? – _____ .

20 Ваш курс

Interviewen Sie fünf Personen aus Ihrem Kurs. Fragen Sie nach Name, Wohnort und Wohnsituation.
Tragen Sie die Ergebnisse in die Liste ein.

Как …?	Где …?	Какая …?
Бернд Кремер	*Дрезден*	*четырёхкомнатная квартира*

21 Новая квартира

Welche der Anzeigen
kommt für Sie in Frage,
wenn …

1. … Sie eine Wohnung
   im Zentrum suchen.

   ———

2. … Sie sich für eine
   3-Zimmer-Wohnung
   interessieren.

   ———

3. … Sie eine 4-Zimmer-
   Wohnung mit Blick
   über die Stadt suchen.

   ———

4. … Sie gerne eine
   Wohnung mit
   Garage hätten.

   ———

22 **В гостях у Инны Филипповой**

Nummerieren Sie das Gespräch in der richtigen Reihenfolge und schreiben Sie es auf. Hören Sie jetzt die Kassette / CD und vergleichen Sie die Aufnahme mit Ihren Ergebnissen. Alles richtig? Здорово!

( ) Большое спасибо и приятного аппетита! Берите салат!

( ) Ой, я больше не могу!

( ) А это ваша комната?

( ) Спасибо. У меня тост: ‹За новую квартиру!›

( ) Она уютная. А это детская?

( ) Спасибо, с удовольствием!

( ) Да, наша. А ужин уже готов. Пожалуйста, за стол!

( ) А, борщ, знаю. Он у вас очень вкусный!

( ) Ещё борща?

( ) А рыбу попробуете?

( ) Салат? Спасибо!

( ) Не можете? А у меня пельмени уже готовы!

(1) Вот наша квартира. Это кухня.

( ) А вот борщ.

( ) Да, там спят сын и дочь.

Подмосковные вечера

Не слышны в саду даже шорохи
Всё здесь замерло до утра.
Если б знали вы, как мне дороги
Подмосковные вечера.

Речка движется и не движется,
Вся из лунного серебра …
Песня слышится и не слышится
В эти тихие вечера.

Что ты, милая, смотришь искоса,
Низко голову наклоня,
Трудно высказать и не высказать
Всё что на сердце у меня.

А рассвет уже всё заметнее,
Так, пожалуйста, будь добра –
Не забудь и ты эти летние
Подмосковные вечера!

[1]*Lied*

Спальный вагон в Липецк

A

1 Числа[1]

Schreiben Sie die Ziffern in Worten.

13 _____   18 _____

22 _____   27 _____

15 _____   20 _____

24 _____   29 _____

[1]*Zahlen*

2 13 или 30?

Hören Sie die Zahlen von der Kassette / CD und schreiben Sie sie auf.

1. _____   8. _____

2. _____   9. _____

3. _____   10. _____

4. _____   11. _____

5. _____   12. _____

6. _____   13. _____

7. _____   14. _____

3 Часы и минуты   Wie spät ist es?

девять ч.
пятнадцать мин   _____   _____   _____

_____   _____   _____   _____

4 Объявления

a) Hören Sie die Veranstaltungshinweise von der Kassette / CD und notieren Sie alle Uhrzeiten.

1. _____   4. _____

2. _____   5. _____

3. _____   6. _____

b) In zwei Ankündigungen wird das Datum (Tag und Monat) der Veranstaltung genannt. Tragen Sie die Nummer der Ansage ein und schreiben Sie die Daten auf.

◯ _____

◯ _____

5 Есть или нет?

a) Stellen Sie Fragen.

г-н Зайп – чемоданы

вы – немецкие журналы

они – компьютеры

Татьяна Петровна – билеты

гостиница – рестораны

Москва – вокзалы

г-жа Мюллер – подарки

Липецк – парки

1. *В гостинице есть рестораны?*

2. *В Москве*

3. _____

4. _____

5. _____

6. _____

7. _____

8. _____

b) Beantworten Sie jetzt die Fragen, sowohl bejaht als auch verneint. (Achtung: нет + Genitiv!)

1. *Да, в гостинице есть рестораны.*
Нет, в гостинице нет ресторанов.

2. _____

_____

3. _____

_____

4. _____

5. _____

_____

6. _____

_____

7. _____

_____

8. _____

_____

6 Билеты – билетов – ...

Welche Pluralform passt? Tragen Sie die Lösung ein.

1. Татьяна Смирнова упаковывает _____ .

   а) чемоданов   б) чемоданы   в) чемоданам   г) чемоданами

2. В холле гостиницы сокурсницы ждут _____ .

   а) сокурсникам   б) сокурсниками   в) сокурсников   г) сокурсники

3. У них нет _____ на поезд.

   а) билеты   б) билетам   в) билетами   г) билетов

4. Все 14 _____ у Татьяны Смирновой.

   а) билетов   б) билетах   в) билеты   г) билетам

5. В поезде 15 _____ .

   а) вагонам   б) вагонов   в) вагонах   г) вагоны

6. Проводницы стоят у _____ и проверяют _____ .

   а) вагоны   б) вагонах   в) вагонов   г) вагонами
   а) билетов   б) билеты   в) билетах   г) билетам

7. Проводница приносит _____ чай.

   а) туристы   б) туристов   в) туристами   г) туристам

7 Хобби

Solche Gespräche können sich schnell ergeben – und dann brauchen Sie auf alle Fälle die Fälle!

| туристы | мальчики | журналы | билеты | вокзалы | фильмы |

1. – Вы любите[1] кино?

   – Да, я люблю смотреть интересные _____ .

2. – Какие русские _____ вы знаете?

   – Я знаю ‹Огонёк› и ‹7 дней›.

3. – С кем разговаривает Кристина?

   – С русскими _____ . Она хорошо говорит по-русски.

4. – Саша дома?

   – Нет, он играет с _____ в футбол.

5. – Извините, как доехать[2] до вокзала?

   – До вокзала? Но в Москве девять _____ .

   – Мы едем на Павелецкий вокзал.

   – А, это метро Павелецкая.

6. – Мы – группа _____ , едем в Липецк.

   Пожалуйста, 14 _____ на завтра.

   – Купе или плацкарт?

   – Купе, пожалуйста.

[1]*lieben, mögen* [2]*hinfahren*

Б 8 Вокзал – вокзалы

Wie steht's mit dem Plural? Das schaffen Sie bestimmt!

вокзал	——————————	проводница	——————————
сокурсник	——————————	чемодан	——————————
подруга	——————————	мужчина	——————————
диктор	——————————	метро	——————————
квартира	——————————	студентка	——————————
билет	——————————	стакан	——————————
бюро	——————————	бутылка	——————————
вагон	——————————	проводник	——————————
сокурсница	——————————	гитара	——————————

9 Домино

In diesem Domino fehlen noch die Partner. Ergänzen Sie sie. (Auf die Zahlen achten!) Wenn Sie Lust haben, Domino zu spielen, kopieren Sie diese Seite und schneiden Sie die Kärtchen aus.

С т а р т	1 газета	13 *газет*	1 билет
24 *билета*	1 рыба	11 _____	1 стакан
15 _____	1 чемодан	21 _____	1 проводница
33 _____	1 вагон	18 _____	1 диван
22 _____	1 лимон	12 _____	1 блин
4 _____	1 гитара	23 _____	1 компьютер
16 _____	1 подарок	3 _____	1 сестра
2 _____	1 балалайка	18 _____	1 мужчина
10 _____	1 подруга	7 *подруг*	Ф и н и ш

10 Вкусные конфеты

Und wie geht's weiter? Ergänzen Sie.

1. Смотрите, какие широкие[1] _____ .

2. Берите вкусные _____ .

3. В России много[2] больших _____ .

4. Газеты пишут и о маленьких _____ .

5. Туристы едут в купейных _____ .

6. Они пьют чай и едят _____ .

7. Она говорит с новыми _____ .

8. Удальцовы ждут немецких _____ .

сокурсницы

гости   улицы

вагоны   города

яблоки   конфеты

города   [1]breit [2]viele

11   Сокурсники или сокурсницами?

a) Da Sie im Russischen ohne Artikel auskommen, müssen Sie leider die Endungen büffeln.

1. – Вы читаете только _____ ?

   – Нет, я читаю и _____ ,

   и _____ .

газеты – журналы

2. – Он гуляет в парке с _____ ?

   – Нет, с _____ .

туристы – подруги

3. – Он покупает килограмм[1] _____ ?

   – Нет, килограмм _____ ?

лимоны – конфеты

4. – Вы любите _____ ?

   – Нет, я люблю _____ .

фрукты – конфеты

5. – Она объясняет меню[2] _____ .

   – Нет, _____ .

туристы – сокурсницы

b) Jetzt fehlen auch noch einige Verben – wie im richtigen Leben. Aber das schaffen Sie!

1. – Вы ждёте _____ ?

   – Нет, я _____ _____ .

сокурсники – подруги

2. – Ты едешь в Москву с _____ ?

   – Нет, я _____ с _____ .

3. – Они идут в кино с _____ ?

   – Нет, они _____ с _____ .

4. – Татьяна Смирнова показывает Москву _____ ?

   – Нет, она _____ город _____ .

5. – Он говорит дома о _____ ?

   – Нет, он _____ о _____ .

[1](+Gen. Pl.) [2]Speisekarte

12 Вопросы[1] и ответы[2]

Beantworten Sie die Fragen. Schreiben Sie jeweils drei sinnvolle Lösungen auf.

мои подруги	грибы	иностранцы	наши туристы	мальчики
мужчины	ваши квартиры	мои гости	закуски	салаты
наши сокурсники	блины	мои сокурсницы	твои кассеты	немцы

1. С кем вы разговариваете и о чём?

_____

_____

2. На кого вы смотрите?

_____

_____

3. О ком вы думаете?

_____

_____

4. Что вы едите?

_____

_____

5. Кому вы наливаете кофе?

_____

_____

6. О ком пишут газеты?

_____

_____

7. Кого вы понимаете?

_____

_____

8. Кого вы приглашаете[3] в гости?

_____

_____

[1]Fragen [2]Antworten [3]einladen

13 Кто что любит?

a) Finden Sie es heraus? Dann tragen Sie es ein.

читать газеты

рассказывать моим подругам о моей семье

разговаривать с иностранцами

петь песни[1]

пить кофе

показывать гостям фотографии

принимать гостей   слушать музыку

гулять в парке

смотреть в окно

приносить моим детям подарки   разговаривать с подругами

_____

_____

_____

_____

_____

_____

_____

[1]Lieder

b) Hören Sie jetzt die Kassette/CD. **Инна Филиппова** berichtet über ihre Freunde. Notieren Sie zunächst die Namen der Familienmitglieder.

c) Hören Sie den Text noch einmal und achten Sie jetzt darauf, wer was gerne macht. Suchen Sie auf Seite 62 die Zeichnung, in der die genannte Beschäftigung dargestellt wird, und tragen Sie die Nummer in die Kästchen ein.

И
В
А
Н
О
В
Ы

1. _____

2. _____

3. _____

4. _____

14 А что вы любите делать?

a) Schreiben Sie auf, was Sie gerne tun. Lesen Sie Ihre Ergebnisse im Kurs vor, die anderen Kursteilnehmerinnen und Kursteilnehmer freuen sich bestimmt, Sie näher kennen zu lernen. Sie können Ihre Aussagen auch miteinander verbinden: Я люблю … и … . А ещё я люблю …

b) Natürlich ist es genauso interessant zu erfahren, was Sie nicht mögen. Schreiben Sie es auf.

15 Кого вы любите?

Jetzt geht es darum, *wen* Sie mögen. Sollte Ihre Favoritin/Ihr Favorit nicht dabei sein, ergänzen Sie ganz einfach ihren/seinen Namen.

Бах	Толстой	Рублёв	Гёте	Чайковский
Бетховен	Рахманинов	Шиллер	Штраус	Достоевский
Гюго	К.Д. Фридрих	Шуберт	Байрон	Пушкин
Равель	Кипренский	Бунин	Бальзак	Суриков
Твен	Вебер	Дикс	Чехов	_____

B 16 Кроссворд

Wenn Sie das Kreuzworträtsel richtig gelöst haben, erhalten Sie ein Wort, das für Reisende sehr wichtig ist.

17 На вокзале

1. Господин Кремер смотрит в расписании отправление _____ .

2. Сокурсники и сокурсницы слушают _____ .

3. У них _____ в десятый вагон.

4. В группе четырнадцать _____ .

5. ‹Металлург› читают они на _____ .

6. В купе четыре _____ .

7. У вагонов стоят _____ .

8. Проводница проверяет _____ .

9. Немцы не знают, куда поставить_____ .

10. Проводница несёт 14 _____ чая.

11. Они пьют чай и разговаривают с _____ в купе.

12. Сколько _____ в купе?

стаканы

объявления

иностранцы

билеты

чемоданы

туристы

вагоны

мужчины

билеты

поезда

проводницы   места

18 Чистые чемоданы?

Substantive werden erst richtig interessant, wenn Adjektive sie erläutern. Schreiben Sie möglichst viele Kombinationen auf.

чемодан	конфета	билет
улица	яблоко[1]	стакан
квартира	магазин	гостиница
преподаватель	парк	зарплата

чистые

вкусные

большие

дорогие

красивые

высокие

маленькие

хорошие

новые

[1] *Nom. Pl.:* яблоки *(Ausnahme!)*

шестьдесят пять **65**

19 Новая квартира

Куда поставить что?

– Куда вы _____ диван?

– Думаю, к окну. А вот куда мы _____ стол?

– Давайте _____ стол в центр комнаты.

– Хорошо, а стул[1]? Куда ты _____ стул?

– А стул я _____ к столу.

– Ты думаешь, это уютно?

– Да, почему нет? А куда мы _____ пианино[2]?

– Давайте _____ в детскую.

– Это хорошая идея.

[1]*Stuhl* [2]*Klavier*

20 Вечеринка[1] – вот это здорово!

Наш курс планирует вечеринку. Кто что делает? (Wenn Ihnen die Idee gefällt, machen Sie doch mit Ihrem Kurs auch ein Fest!)

купить	говорить	писать	повесить	приглашать	делать

г-жа Вандер: Я _____ объявление. Текст такой: ‹Наш курс
_____ на вечеринку. В программе: газета с фотографиями,
конкурсы[2], буфет. Ждём вас 25ого мая в 18 часов. Мы _____
только по-русски. Добро пожаловать!›

г-н Кремер: Хорошая идея. Тогда я _____ газету. Фотографии
у меня есть.

г-жа Мюллер: А куда ты _____ газету?

г-н Кремер: Давайте _____ у окна.

г-жа Шрёдер: Хорошо. Я _____ мороженое.
А кто _____ торт?

г-жа Мюллер и г-жа Вандер: Мы _____ .

г-жа Шрёдер: Значит, вы _____ торт. А кофе и чай кто
_____ ?

г-н Кремер: Давайте я _____ .

[1]*bunter Abend* [2]*Wettbewerb*

21 Спальный вагон в Липецк

Hier ist eine Zusammenfassung von Урок 5. Können Sie die Lücken füllen (im Plural!).

Группа стоит на Павелецком вокзале и слушает _____ . Наконец

они понимают: «Липецк.» У них _____ в одиннадцатый вагон.

Они идут к поезду и читают на _____ : ‹Металлург›. У них

_____ в купейном вагоне. Госпожа Вандер и господин Зайп едут

в одном купе с мужчиной и женщиной. Поезд уже едет и проводница проверяет

_____ и приносит чай. Женщина достаёт[1] _____ ,

а госпожа Вандер открывает _____ . Они пьют чай и едят

_____ и _____ и разговаривают, как

живут _____ в Германии и в России. Женщина говорит, что

в Германии большие _____ , чистые _____

и красивые _____ . Мужчина знает из _____ ,

что не все живут в больших _____ , а есть и безработица.

Госпожа Вандер говорит, что в _____ есть всё. Но она не знает,

что _____ очень маленькие и нет _____ .

Женщина рассказывает, что очень трудно с _____ .

Но у них есть дедушка и бабушка в деревне, и они не покупают картошку,

_____ , _____ и _____ .

[1]herausholen

22 Игра: Упаковываем чемодан?

a) Wie wär's mit dem Spiel ‚Koffer packen'? Spielen Sie zu zweit. Schauen Sie sich den Inhalt des Koffers 20 Sekunden an und schließen Sie dann die Bücher. Zählen Sie jetzt alle Gegenstände auf, an die Sie sich erinnern. Dann ist Ihre Partnerin/Ihr Partner an der Reihe. Wenn Sie sich beim ersten Mal nicht an alle zehn Wörter erinnern, probieren Sie es noch einmal.
Suchen Sie nach Verbindungen zwischen den Wörtern,
z.B. коробка – конфеты.
Das hilft bestimmt!

b) Wenn es Ihnen Spaß gemacht hat, dann füllen Sie doch jetzt einen Einkaufskorb mit zehn Lebensmitteln. Sie können sie zeichnen oder einfach die Wörter ‚einpacken'.

23　Вот это сюрприз!

a)　Zu welchem der Dialoge passt dieser Ausruf?

☐

А

На улице.
– О, сколько лет[1], сколько зим[2]! Куда ты идёшь?
– В кино. Сегодня премьера. А ты?
– А я в магазин за продуктами.

В

На вокзале.
– Здравствуйте! Вы едете в Москву?
– Да. Дела, знаете, дела.
– А какой у вас вагон?
– У меня одиннадцатый вагон.
– Правда? И у меня тоже. Значит, едем в одном вагоне.

Б

В парке. Он и Она.
– Скажи, ты любишь театр?
– Очень! А ещё я люблю балет.
– Я тоже люблю балет! А кино?
– Кино тоже люблю, но театр я люблю больше.

Г

Смотрят фотографии.
– А это кто?
– Это мой сын. Его зовут Саша.
– Ой, у меня тоже сын и его тоже зовут Саша. Значит, они тёзки[3].

[1]*Sommer* [2]*Winter* [3]*Namensvetter*

b)　Wählen Sie den Dialog, der Ihnen am besten gefällt, und spielen Sie ihn so richtig mit Gefühl!

c)　Ändern Sie die drei verbleibenden Dialoge so, dass der Ausruf Вот это сюрприз! auch zu diesen Situationen passt.

d)　Überlegen Sie selbst zwei Situationen und schreiben Sie Dialoge dazu.

Gute Arbeiten werden mit Beifall belohnt, sehr gute mit stürmischem Applaus – бурные аплодисменты sagen die Russen dazu.

В Липецке

A **1 Числа**[1]

Bringen Sie hier Ordnung rein?

двадцать шесть	тринадцать	пятьдесят четыре	сорок два
восемьдесят пять	шестьдесят один	семьдесят восемь	пятнадцать
тридцать девять	восемнадцать	сто двенадцать	девяносто семь

1. _____
2. _____
3. _____
4. _____
5. _____
6. _____

7. _____
8. _____
9. _____
10. _____
11. _____
12. _____

[1]*Zahlen*

2 13 или 30?

Schreiben Sie diese Zahlen in Worten.

31 _____
96 _____
52 _____
77 _____

45 _____
89 _____
63 _____
111 _____

3 Шестьдесят семь или семьдесят шесть?

Hören Sie die Kassette/CD und schreiben Sie die Zahlen in Worten.

1. _____
2. _____
3. _____
4. _____
5. _____
6. _____
7. _____

8. _____
9. _____
10. _____
11. _____
12. _____
13. _____
14. _____

4 Один – два, три, четыре – пять …

Und wenn es 53 Fabriken sind? Oder 346? Wie lauten dann die Substantive?

один завод	53	_____	346	_____
одна газета	82	_____	898	_____
одно яблоко	24	_____	235	_____
один подарок	73	_____	127	_____
одна подруга	42	_____	569	_____
одно место	94	_____	655	_____

5 Номер телефона

Im Russischen werden Telefonnummern mit Bindestrichen unterteilt und gebündelt gelesen. Herr Seip hat die Telefonnummern seiner russischen Bekannten aufgeschrieben. Schreiben Sie die Nummern aus.

Николай Ефимович (Липецк) 24-48-44
Надежда Георгиевна 72-57-95
Удальцовы (Москва) 336-11-48
Инна Филиппова 934-26-68

24-48-44: *двадцать четыре – сорок восемь сорок четыре*

72-57-95: _____

336-11-48: _____

_____

934-26-68: _____

6 А какой номер у вас?

a) Sie wollen Ihren russischen Freunden Ihre Telefonnummer durchgeben. Zur Sicherheit notieren Sie sie vorher – in Ziffern und in Worten.

код Германии (десять – сорок девять)	код города (без 0)	телефон

10-49/

десять – сорок девять/

7 Позвоните!

a) Hier sind Vorwahlnummern. Aber für welche Städte? Hören Sie das heraus?

812 _____

3832 _____

8452 _____

0922 _____

8312 _____

095 _____

0742 _____

b) Notieren Sie jetzt die Telefonnummern, die Ihre russischen Bekannten Ihnen durchgeben.

> Татьяна Петровна
> Игорь Васильевич
> Ирина Андреевна
> Виктория Ивановна
> Андрей Михайлович
> Сергей
> Оксана

c) Schauen Sie sich die Vorwahlen in a) an und schreiben Sie auf, wer wo wohnt.

Татьяна Петровна живёт в _____
Игорь Васильевич _____

8 Пословицы[1]

Im Russischen gibt es jede Menge Sprichwörter, darunter auch viele, in denen Zahlen vorkommen. Markieren Sie die letzteren und – wenn Sie Lust haben – lernen Sie sie auswendig. Können Sie erraten, was sie bedeuten? (Sie dürfen natürlich ein Wörterbuch benutzen!)

Старый друг лучше новых двух.

Семь бед – один ответ.

Утро вечера мудренее.

Яблоко от яблони недалеко падает.

Ум – хорошо, а два – лучше.

Один в поле не воин.

[1]*Sprichwörter*

9 Россия в цифрах

a) Wie werden diese Zahlen gelesen? Verbinden Sie.

17 075 000	сорок семь тысяч
47 000	пять тысяч четыреста десять
146 900 000	девять миллионов три тысячи
9 003 000	три тысячи семьсот
5 410	сто сорок шесть миллионов девятьсот тысяч
3 700	семнадцать миллионов семьдесят пять тысяч

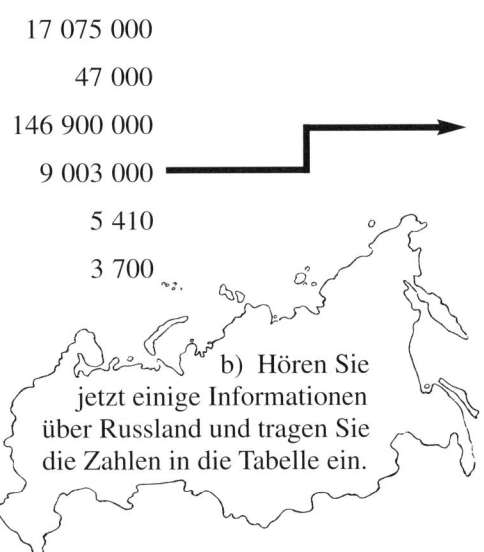

b) Hören Sie jetzt einige Informationen über Russland und tragen Sie die Zahlen in die Tabelle ein.

Площадь России:	_____ кв. км
Площадь Москвы:	_____ кв. км
В России живёт:	_____ человек
В Москве живёт:	_____ человек
Самая длинная[1] река[2] – Обь:	_____ км
Символ России – Волга:	_____ км

c) Германия в цифрах. Lesen Sie die Zahlen laut und überprüfen Sie mit der Kassette / CD, ob Sie richtig gelesen haben.

> 82 100 000 ч.
> 356 647 кв. км
> 3 400 000 ч.
> 1 320 км
> 883 кв. км

d) Ergänzen Sie jetzt die Tabelle. Welche Zahl gehört wohin?

Площадь Германии:	_____
Площадь Берлина:	_____
В Германии живёт:	_____
В Берлине живёт:	_____
Самая длинная река – Рейн:	_____

e) Вы знаете, сколько человек живёт в России и в Германии. А сколько живёт в Англии, Испании, Италии, Франции? Hören Sie die Kassette / CD und notieren Sie die Bevölkerungszahlen.

АНГЛИЯ	ГЕРМАНИЯ	ИСПАНИЯ	ИТАЛИЯ	РОССИЯ	ФРАНЦИЯ
____	82,1	____	____	146,9	____

млн. человек

по состоянию на 1999 год

[1](der) längste [2]Fluss

10 Реклама

a) Вы думаете купить машину ‹Волга› завода ГАЗ. Какие объявления вы читаете?

_____

b) Куда вы позвоните? Пишите город и телефон. Begründen Sie Ihre Wahl.

_____

_____

_____

c) Сколько стоит Вольво С 70 в России? Куда можно позвонить?

_____

_____

d) Hören Sie die Kassette / CD. Mit welcher Firma telefoniert Ольга Сергеевна? Nach welchen Fahrzeugtypen erkundigt sie sich? Was kosten die Modelle?

_____

_____

_____

_____

_____

A

Б

В
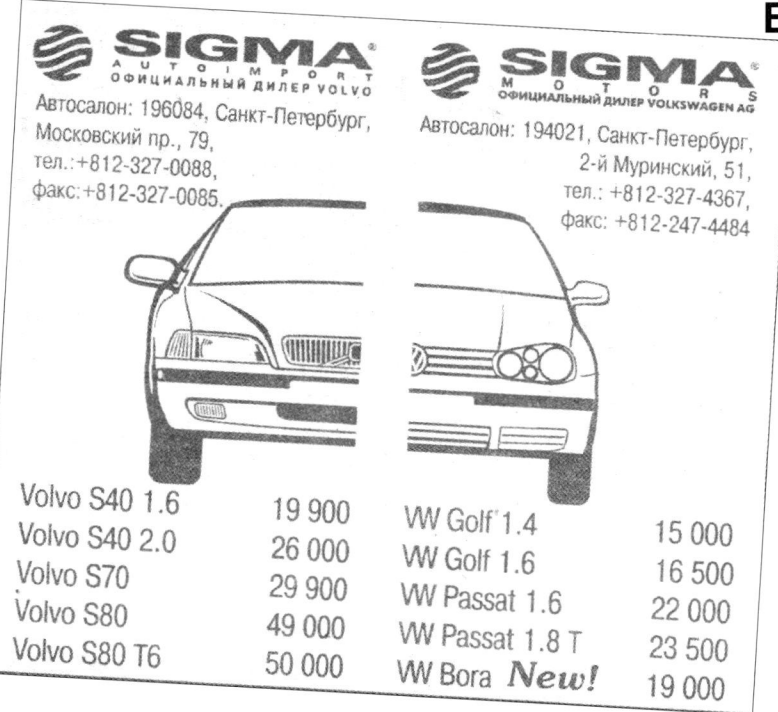

Г

11 История России

a) Wie wär's mit etwas russischer Geschichte? Ordnen Sie zunächst die Zahlwörter den passenden Jahreszahlen zu.

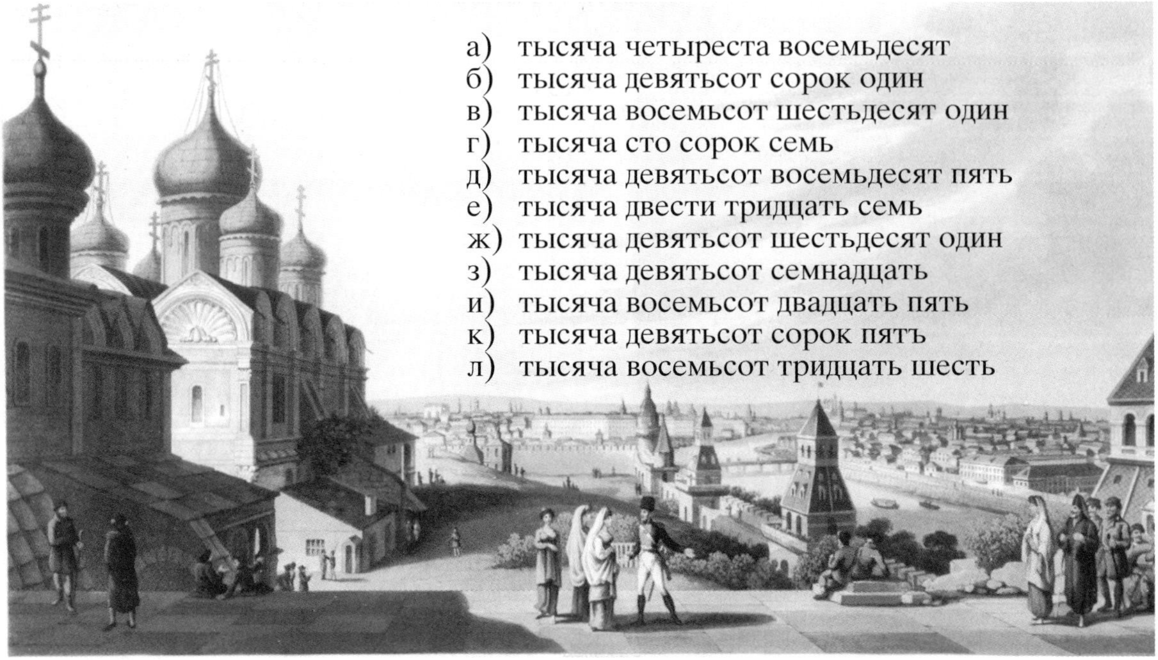

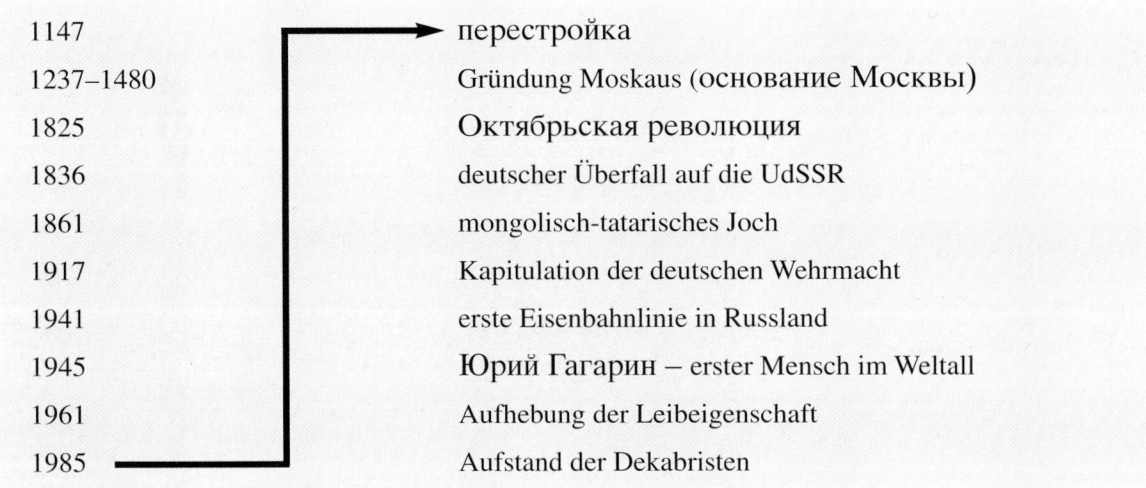

а) тысяча четыреста восемьдесят
б) тысяча девятьсот сорок один
в) тысяча восемьсот шестьдесят один
г) тысяча сто сорок семь
д) тысяча девятьсот восемьдесят пять
е) тысяча двести тридцать семь
ж) тысяча девятьсот шестьдесят один
з) тысяча девятьсот семнадцать
и) тысяча восемьсот двадцать пять
к) тысяча девятьсот сорок пятъ
л) тысяча восемьсот тридцать шесть

1147	1237	1480	1825	1836	1861	1917	1941	1945	1961	1985
		a								

b) Verbinden Sie jetzt die Jahreszahlen mit den historischen Ereignissen.

1147	перестройка
1237–1480	Gründung Moskaus (основание Москвы)
1825	Октябрьская революция
1836	deutscher Überfall auf die UdSSR
1861	mongolisch-tatarisches Joch
1917	Kapitulation der deutschen Wehrmacht
1941	erste Eisenbahnlinie in Russland
1945	Юрий Гагарин – erster Mensch im Weltall
1961	Aufhebung der Leibeigenschaft
1985	Aufstand der Dekabristen

5

12 Четыре минус один

Welches Wort passt nicht?

1	2	3	4	5
диван стол водка лампа	борщ блины рыба официант	вагон любить билет вокзал	доцент официант гостиница проводник	автобус ресторан меню закуски

Die Anfangsbuchstaben der Wörter ergeben das Lösungswort:

13 Ресторан

Mal wieder essen gehen? Was fällt Ihnen zu ресторан alles ein?

14 Бесплатно есть?

Welches Adverb passt zu welchem Verb? Schreiben Sie alle Möglichkeiten auf.

рассказывать	есть	играть
забывать	идти	говорить
сказать[1]	ехать	понимать
сидеть	спать	разговаривать

уютно

скучно

неудобно

приятно

тихо

бесплатно

плохо

откровенно

трудно

[1]*sagen*

15 В Липецке

Ergänzen Sie die fehlenden Verben und Zahlwörter. Das schaffen Sie ohne nachzulesen, oder?

Липецк, _____ год. Там живёт

_____ человек. На Новолипецком металлургическом

комбинате работает _____ человек, но _____

_____ рабочих должны уволить. Немцы _____ новых

знакомых в ресторан. Они _____ и _____ о том, что

сколько стоит. Ужин в ресторане на одного человека _____ столько,

сколько Надежда Георгиевна _____ в месяц. Немцы

ничего не _____ . Неловкое положение. Конечно,

в Липецке _____ и хорошее: прекрасный ансамбль народного танца[1],

хороший драматический театр, липецкая минеральная вода и очень красивая

природа. Хотя немцы не всё _____ по-русски, русские их и так

_____ .

[1]*Tanz*

16 В магазине

a) Sie gehen zum Einkaufen. Hier ist Ihr Einkaufszettel. Schreiben Sie die Gespräche auf. Denken Sie daran, dass im Russischen immer der Genitiv steht, wenn es um einen Teil von etwas geht: «Мне, пожалуйста, двести грамм сыра.»

200 g Käse
150 g Wurst
1 kg Tomaten
200 g Pilze
2 kg Äpfel
1/2 kg Fleisch
300 g Fisch
400 g Pralinen
500 g Honig

- Здравствуйте!
-
- Мне, пожалуйста, 200 грамм сыра.
- А что ещё?
- Дайте, пожалуйста,

b) Was kaufen Sie auf dem Markt? Achtung: Hier sind keine Preise angegeben. Fragen Sie danach.

- Здравствуйте! Сколько стоят ваши
-                                   руб. килограмм
- Мне, пожалуйста,
- Ещё есть
Берите, недорого, всего

17 Трансаэро тур

a) Это реклама русской авиакомпании ‹Трансаэро тур›. Сколько стоит билет в …? Verbinden Sie.

Тель-Авив

Лос-Анджелес

Израиль

США

Франкфурт / Берлин

Нью-Йорк

Париж / Ницца

шестьсот сорок девять

двести пятьдесят

триста восемьдесят шесть

двести девяносто девять

девятьсот пятьдесят

четыреста девяносто девять

пятьсот девяносто девять

НОВОСТИ ТРАНСАЭРО ТУР

ЛОНДОН	220$
ФРАНКФУРТ/БЕРЛИН	250$
ТЕЛЬ-АВИВ	386$

Удобные стыковки по направлениям

ПАРИЖ/НИЦЦА	299$
ЛОС-АНДЖЕЛЕС	649$
НЬЮ-ЙОРК	499$

Туристические путевки включая авиаперелет:

АНГЛИЯ	499$
ГЕРМАНИЯ	499$
ИЗРАИЛЬ	599$
США	950$
ФРАНЦИЯ	690$

ИНФОРМАЦИЯ И БРОНИРОВАНИЕ В МОСКВЕ:
Ул. Никольская, 11/13, стр.2,
тел.: **авиабилеты** (095) 298-0252/48
туры: (095) 298-0117/40
Ленинградский пр-т ,33-А,
тел.: **авиабилеты** (095) 945-5300/20
туры: (095) 946-1013/19
945-8926

ТРАНСАЭРО *ТУР*

 b) Werbung lohnt sich: In den Büros von ‹Трансаэро тур› rufen jede Menge Leute an, die sich nach Flugpreisen erkundigen. Hören Sie die Kassette / CD und notieren Sie alle Reiseziele und Preise, die in den Telefonaten genannt werden.

куда?   сколько?

1. _____

2. _____

3. _____

4. _____

5. _____

В

18   Вопросы[1]

a) Schreiben Sie aus den drei Texten **А**, **Б** und **В** jeweils den Satz heraus, der Ihrer Meinung nach der wichtigste ist.

_____

_____

_____

_____

_____

b) Was möchten Sie noch gerne über die Personen aus dem Text oder über die Stadt wissen? Formulieren Sie Ihre Fragen auf Russisch und schreiben Sie sie auf. Unterhalten Sie sich in der nächsten Stunde darüber.

_____

_____

_____

_____

_____

[1]*Fragen*

19   Работа есть работа

a) Wenn Sie die Bausteine überlegt zusammensetzen, erhalten Sie sechs Wörter, die alle zur gleichen Wortfamilie gehören.

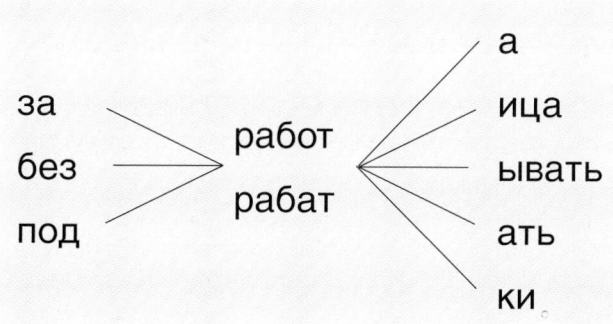

Substantive

_____

_____

_____

Verben

_____

_____

_____

b) Ganz interessant, sich das einmal so klar zu machen. Kennen Sie noch andere Wortfamilien, die Sie entschlüsseln können?

завтракать _____   _____

_____   _____

_____   _____

Посадил дед репку. Выросла репка большая – пребольшая. Стал дед репку тянуть: тянет – потянет, вытянуть не может. Позвал дед бабку. Бабка за дедку, дедка за репку: тянут – потянут, вытянуть не могут. Позвала бабка внучку. Внучка за бабку, бабка за дедку, дедка за

5 репку: тянут – потянут, вытянуть не могут. Позвала внучка Жучку. Жучка за внучку, внучка за бабку, бабка за дедку, дедка за репку: тянут – потянут, вытянуть не могут. Позвала Жучка кошку. Кошка за Жучку, Жучка за внучку, внучка за бабку, бабка за дедку, дедка за репку: тянут – потянут, вытянуть не могут. Позвала кошка мышку.

10 Мышка за кошку, кошка за Жучку, Жучка за внучку, внучка за бабку, бабка за дедку, дедка за репку: тянут – потянут и вытянули репку.

8 Марта

A

1 А вы знаете виды[1]?

Die vollendeten Aspektpartner werden ganz unterschiedlich gebildet. Das haben Sie sicher schon bemerkt. a) Die einfachste Variante ist das Ergänzen einer Vorsilbe. Sie kennen schon viele Beispiele dafür. Schreiben Sie die vollendeten Partner auf.

думать/по- _____ делать/с- _____

играть/по- _____ знать/у- _____

ужинать/по- _____ ждать/подо- _____

завтракать/по- _____ писать/на- _____

гулять/по- _____ учить/вы- _____

смотреть/по- _____ мастерить/с- _____

слушать/по- _____ рисовать/на- _____

дарить/по- _____ пить/вы- _____

b) Daneben gibt es aber auch andere Bildungen, die Sie einfach lernen müssen. Oft wird der vollendete Partner unregelmäßig konjugiert. Erinnern Sie sich an die Formen? Tragen Sie die 1. und 2. Person Singular und die 3. Person Plural der vollendeten Verben in die Liste ein.

	1. Person Sg.	2. Person Sg.	3. Person Pl.
вздыхать/вздохнуть			
начинать/начать			
открывать/открыть			
поздравлять/поздравить			
рассказывать/рассказать			
решать/решить			
собирать/собрать			

[1]*Aspekte*

2 Будет!

Wie geht es weiter?

я	*буду*	ты	_____	он / она	_____
мы	_____	вы	_____	они	_____

3 А завтра?

a) Что они будут делать завтра? Schreiben Sie auf, wer was tun wird.

ты	Света	ужинать в ресторане	рисовать портрет
мы	я	слушать компакт-диск	учить стихи
Антон	они	смотреть фильм	играть в хоккей
Нина и Саша	вы	читать детектив	мастерить модели ракеты

_____

_____

_____

_____

_____

_____

_____

b) Notieren Sie die Aspektpartner.

ужинать	_____	рисовать	_____
слушать	_____	учить	_____
смотреть	_____	играть	_____
читать	_____	мастерить	_____

c) Und wie muss es heißen, wenn die Handlungen in a) in der Vergangenheit abgeschlossen sind?

_____

_____

_____

_____

_____

_____

4 Кроссворд

Erraten? In der senkrechten Spalte erhalten Sie das Schlüsselwort der Lektion.

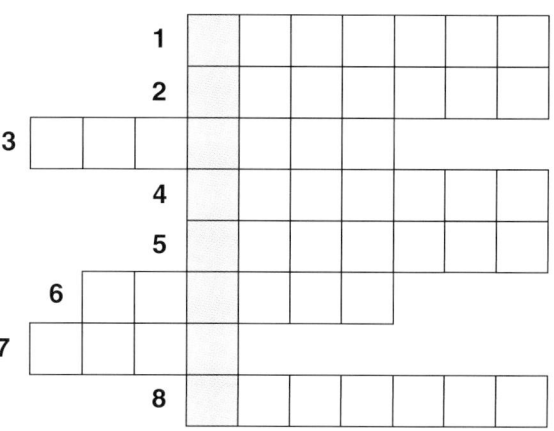

5 Праздники в России

Welches Datum gehört zu welchem Feiertag? Einige der Bezeichnungen sind auch für Russen neu und klingen ganz schön kompliziert, deshalb helfen wir Ihnen ein bisschen. Wenn Sie dann noch bedenken, dass in Russland Weihnachten nicht im Dezember, sondern erst am 7. Januar gefeiert wird, kriegen Sie bestimmt raus, was es mit dem 7. November auf sich hat. Der Rest ist einfach, oder?

1. 1 января

2. 14 февраля

3. 8 марта

4. 1 мая

5. 12 июня

6. 7 ноября

7. 12 декабря

a) День Конституции

b) Международный женский день

c) Новый год

d) Праздник весны и труда

e) Валентинов день

f) День независимости России

g) День согласия и примирения (раньше: День Октябрьской Революции)

6 Год

a) Hören Sie die Kassette / CD und lesen Sie mit. Viele Monatsnamen werden im Deutschen ähnlich ausgesprochen. Setzen Sie bei den Monaten, die im Russischen anders betont werden, Akzentzeichen.

январь	июль
февраль	август
март	сентябрь
апрель	октябрь
май	ноябрь
июнь	декабрь

b) Jetzt lernen Sie auch die russischen Bezeichnungen für die Jahreszeiten (времена́ го́да) kennen. Sie können die fehlenden Monate bestimmt ergänzen.

март _____ сентябрь _____

_____ июль _____ _____

_____ _____ _____ февраль

весна лето осень зима

7 Месяцы

a) Setzen Sie die fehlenden Wörter ein.

В году _____ месяцев и _____ времени года:

весна, лето, осень и зима. В каждом времени года _____ месяца.

Зима – это _____ , _____ и _____ .

Весна – это _____ , _____ и _____ .

Лето – это _____ , _____ и _____ .

А осень – это _____ , _____ и _____ .

b) В каком месяце только 28 или 29 дней? _____

c) Какие месяцы оканчиваются[1] на -ь?

_____   _____   _____

_____   _____   _____

_____   _____   _____

d) В каких месяцах 30 дней?

_____   _____   _____

_____   _____   _____

e) А 31 день?

_____   _____   _____

_____   _____   _____

_____   _____   _____

f) Какое время года вы любите? А какое вы не любите? Почему?

_____

_____

[1]*enden*

8   Когда они родились[1]?

Wer wurde wann geboren?

Цветаева родилась двадцать
шестого сентября тысяча
восемьсот девяносто второго
года.

Гагарин родился девятого
марта тысяча девятьсот
тридцать четвёртого года.

Толстой родился двадцать
восьмого августа тысяча
восемьсот двадцать восьмого
года.

Пушкин родился двадцать
пятого мая тысяча семьсот
девяносто девятого года.

_____ г.

_____ г.

_____ г.

_____ г.

[1]*geboren werden*

9 Глаголы

Finden Sie die Aspektpartner? Schreiben Sie die Paare auf.

вставать	приготовить	обнимать	приезжать	обидеть	обнять
приходить	начинать	просыпаться	переживать	приехать	войти
проснуться	позвонить	извиниться	прийти	начать	встать
извиняться	обижать	готовить	пережить	входить	звонить

unvollendeter Aspekt	vollendeter Aspekt
вставать	

10 Завтра

Vollendet? Unvollendet? Was brauchen Sie?

1. – Что ты будешь делать завтра?

– _____ этот роман. `читать – прочитать`

– Когда ты его _____ ?

– Думаю, завтра вечером.

2. – Завтра в это время я _____ грибы.

– Думаешь, ты много _____ ? `собирать – собрать`

– А это не важно. Удовольствие – вот что важно!

3. – А кто _____ вещи[1] на место, Егор?

– Саша _____ . `класть – положить`

[1]*Dinge, Sachen*

4. – Мама, ты не переживай. Я _____ каждый день.

 – Ты _____ сразу, как только

 приедешь в Италию, хорошо?

звонить – позвонить

5. – Миша, твоя комната выглядит как после битвы.

 Когда ты, наконец, _____ ?

 – Завтра всё _____ .

убирать – убрать

6. – Митя, иди на кухню! Я _____ посуду,

 а ты _____ .

 – Хорошо, бабушка.

мыть – вымыть

вытирать – вытереть

11 Планы на завтра

Sie haben morgen viel vor. Schreiben Sie Ihre Pläne auf. Geben Sie die Uhrzeiten an und erzählen Sie, womit Sie sich beschäftigen werden. Hier einige Anregungen, die Sie natürlich nicht verwenden müssen. Sie haben sicher Interessanteres vor, oder?

завтракать	пить кофе	читать газету	слушать музыку
отдыхать	убирать квартиру		готовить обед
смотреть новый фильм		помогать сыну делать математику	
покупать продукты	мыть машину		стирать

С 8 до 8.30 я буду завтракать

_____

_____

_____

_____

_____

_____

_____

_____

_____

_____

12 Вера Куликова

Möchten Sie wissen, wovon Wera träumt? Lesen Sie und setzen Sie die Verben im richtigen Aspekt ein.

готовить	подарить	делать	убирать
посмотреть	пойти	выбрасывать	помогать

8 Марта Юра _____ мне не букет цветов, а билеты на мой

любимый[1] балет ‹Лебединое озеро[2]›. После завтрака я не _____

_____ кухню, а мы _____ в парк. Я так люблю

карусели! А вечером мы _____ балет.

Дима и Денис _____ _____ каждый день,

а не только 8 Марта. Дима _____ _____ мусор.

Юра _____ _____ завтрак каждый день, а

не только 8 Марта. Мы _____ _____ квартиру

все вместе. И я больше не _____ _____ всю

домашнюю работу одна!

[1]Lieblings- [2]Schwanensee

13 Загадки[1]

Что это? Knobeln Sie gerne? Dann versuchen Sie doch mal Ihr Glück und tragen Sie die Antworten in die Kästchen ein. Wie lautet das Lösungswort?

> 3. Была белая да седая[8], пришла зелёная[9], молодая[10].

> 1. Протянула мост[2] на семь вёрст[3], а в конце моста золотая[4] верста.

> 2. Двенадцать братьев[5] друг за другом бродят[6] друг друга не обходят[7].

> 4. Всех наградила[11], всё загубила[12].

[1]Rätsel [2]Brücke [3]russisches Längenmaß (1,066 km)
[4]golden [5]Bruder [6]schlendern, sich schleppen [7]drum
herumgehen [8]ergraut [9]grün [10]jung [11]belohnen
[12]zugrunde richten [13]sterben [14]ins Leben rufen

> 5. К вечеру умирает[13], поутру оживает[14].

Zu schwierig? Kleine Hilfe: Es geht um Wochentage und Jahreszeiten!

14 Поздравление[1]

Können Sie die Karte von Weras Bruder entziffern? Schaffen Sie es auch, selbst eine Glückwunsch-
karte zum 8. März für eine russische Freundin zu verfassen? Bestimmt!

От кого _Николаев С.Я._
Откуда _Самара_

Индекс места отправления

РОССИЯ

ПОЧТА РОССИИ

Место для письменного сообщения

Дорогая Вера!
Поздравляю тебя с
международным женским
днём 8 Марта!
Желаю счастья, здоровья
и всего самого доброго!
Твой слава.

Кому _Куликовой В.Я._
Куда _Москва_
ул. Пятницкая 25/18

Индекс места назначения

Фото С. Петрова

© Издатцентр "Марка" Минсвязи России, 2000. 3. 2000-066/1. Тип. "Информпресс-94". 22.09.99

[1]Glückwunsch

15 Почему?

Hören Sie sich die Fragen von der Kassette / CD so oft an, bis Sie sie genau verstanden haben. Wählen Sie unter den Antwortmöglichkeiten eine passende aus und schreiben Sie sie auf. Sie können auch mehrere Antwortmöglichkeiten zu einer besonders differenzierten Antwort verbinden oder die Aussage zunächst wiederholen und sie dann verneinen.

1. нерабочий день / праздник / рабочий день

Нет, в Германии 8 Марта не праздник, а рабочий день.

2. инженер / директор школы / шофёр / учительница / медсестра

3. … потому, что не любит убирать / каждый год одно и то же / знает: отдыхать она совсем не будет / любит мужа и детей / знает: потом она будет убирать / не любит этот праздник

4. … кричит, что каждый год одно и то же / плачет / горько улыбается / вздыхает, целует мужа и детей / быстро идёт в ванную / говорит спасибо / не хочет больше молчать

5. … она любит мужа и детей / они её не любят / не может так больше жить / понимает, что они не хотели её обидеть

Beachten Sie für Ihre Antwort die Textstelle: Когда Юрий Данилович, Дима и Денис приходят с букетом, они замечают, что у мамы слёзы на глазах. Können Sie zur Begründung Ihrer Aussage (Я думаю, что она … . В тексте говорят, что … .) noch eine andere Textstelle anführen?

16 Подарки

a) Welche der Anzeigen lesen Sie genauer, wenn Sie …

1. … ein Geschenk für eine Freundin suchen, die sich für Kunst interessiert?

_____

2. … Sie ein Geschenk für Ihren Sohn brauchen, der in einer Big Band Musik macht?

_____

3. … Ihren Mann / Ihren Freund mit einem Geschenk überraschen wollen?

_____

A

Б

В

Г

b) Hören Sie jetzt das Telefongespräch von der Kassette / CD. Von welcher Anzeige ist die Rede?

_____

Д

Е

17 Всё будет по-другому[1]!

a) Eine andere Frau und ein anderer 8. März. Lesen Sie.

> Восьмое марта. Нина открывает глаза. На столе стоит букет мимозы. На кухне разговаривают и смеются. Она знает, что это муж и дети готовят завтрак. Всё как и каждый год.
> «Нет, сегодня всё будет по-другому!», тихо говорит Нина. «Сегодня мой праздник!» Она входит в кухню. На ней красивый новый костюм.

b) Wie könnte die Geschichte weitergehen? Was sagt Nina zu ihren Männern? Was unternimmt sie? Sie haben bestimmt eine Idee für eine mögliche Fortsetzung. Schreiben Sie sie auf.

_____

_____

_____

_____

c) Hören Sie jetzt von der Kassette / CD, wie Ninas Geschichte wirklich weitergeht. War Ihre Fortsetzung ähnlich?

d) Welche dieser Aussagen trifft zu, welche nicht? Kreuzen Sie an.

	да	нет
1. Муж и дети подарили Нине букет цветов.		
2. Утром всё было как и каждый год в этот день.		
3. Нина решает, что сегодня всё будет по-другому.		
4. Она уходит, потому что больше не любит мужа.		
5. Муж понимает, что с женой.		
6. Подругам хорошо вместе.		
7. Они хорошо понимают друг друга.		

e) Wie könnte die Überschrift zu der Geschichte besser lauten? Überlegen Sie 2–3 passende Titel.

1. _____ 2. _____ 3. _____

[1]anders

18 Анекдот

Муж приходит домой после работы, а на столе записка[1]: «Дорогой, я ушла к подруге, на ужин – рыба, удочка[2] – в коридоре.»

[1]Notizzettel [2]Angel

Средний класс

1 Русский алфавит

a) Wie schaut es aus mit dem russischen Alphabet? Kein Problem mehr? Dann ordnen Sie die Wörter und tragen Sie sie ein.

объявление	вкусный	здоровье	яблоко	мечтать
работа		немецкий	актриса	любить
улица	шпроты	большой	играть	щи	ехать
современный	жить	фотографировать	праздничный	дарить
художник	хотеть	цена	горячий	красивый	чистый

_____ _____ _____

_____ _____ _____

_____ _____ _____

_____ _____ _____

_____ _____ _____

_____ _____ _____

_____ _____ _____

b) Sortieren Sie die Wörter jetzt in drei Gruppen. Welche bieten sich an?

1. _____ 2. _____ 3. _____

2 Бытовая техника

Вы знаете эту технику? Alles richtig zugeordnet? Kontrollieren Sie mit der Kassette / CD.

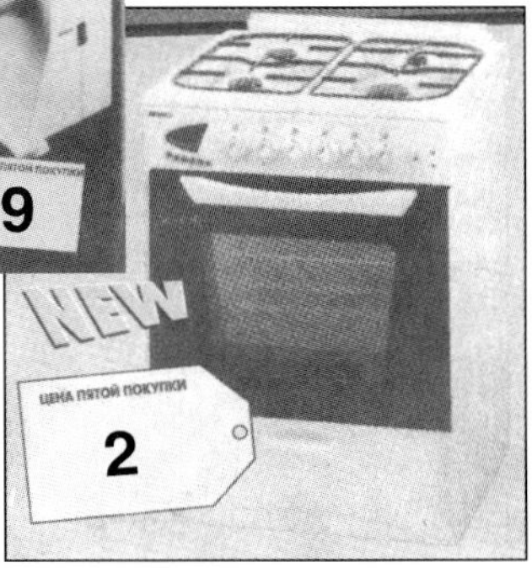

6 BOSCH Кофеварка на 8 чашек со специальным контуром нагрева для обеспечения лучшего аромата (TKA2708)

3 DAEWOO Микроволновая печь с приготовлением на вращающейся подставке, 5 уровней мощности, таймер на 35 минут.

4 538л ОБЪЕМ

При покупке 5 товаров фирмы ARISTON **ПОДАРОК** **1** ARISTON Стиральная машина с классом стирки "А" при 40°С, автоматической оптимизацией расходов и циклом "Золотой Кашемир". (AL 88 TX) NEW WOOLMARK

7 BOSCH Чайник мощностью 1800 Вт с дном из сладкой нержавеющей стали и защитой от перегрева.

8 BOSCH Утюг мощностью 1200 Вт с режимом усиленного отпаривания (TDA1301)

5 DAEWOO Компактный пылесос мощностью 1500 Вт Матерчатый мешок объем 3 л, стальные трубки (RS5000S)

Мясорубка с тремя дисками для измельчения и насадкой для изготовления сарделек. (G1300)

10 BRAUN Мощная - 240 Вт соковыжималка с автоматической подачей мякоти в отдельный контейнер. (MP80)

9 BOSCH Мясорубка мощностью 450 Вт Средняя производительность 1,5 кг/мин. (MFW1501)

	чайник
	пылесос
	утюг

2 NEW

ТОРГОВЫЙ ДОМ **ЭЛСТРОЙ** **БЕСПЛАТНАЯ ДОСТАВКА!** **BOSCH** Бытовая и встраиваемая техника

Все лучшее для Вас!

WFC 2060 BY ▶ отжим: 1000 об./мин. Глубина - 40 см
WFC 1600 BY ▶ отжим: 800 об./мин. ▶ загрузка - 4 кг ▶ 85x60x40

◀ ПОСУДОМОЕЧНЫЕ и
◀ СТИРАЛЬНЫЕ МАШИНЫ
◀ КУХОННЫЕ ПЛИТЫ
◀ ХОЛОДИЛЬНИКИ
◀ ДУХОВКИ

MAXX WFL 2060 RU Загрузка 6 кг ▶ Отжим 1000 об./мин ▶ 86x60x59

	газовая плита
	микроволновая печь
	холодильник
	стиральная машина
	соковыжималка
	кофеварка
	мясорубка

Единая справочная служба......... 234-2770
✪ ст. м. "Университет", Мичуринский проспект, 10, т. 932-7666
✪ ст. м. "Баррикадная" (рядом), Кудринская пл., 1, т. 252-0074, 255-1101
✪ ст. м. "Фрунзенская", "Росстройэкспо", пав. 5, т. 201-0490, 201-1921
✪ ст. м. "Октябрьское поле", ул. Берзарина, 16, т. 195-9898 (отдел уценен. техн.)
✪ ст. м. "Таганская" (радиальная), Краснохолмская наб., 5/9, т. 911-9216, 911-9218
✪ ст. м. "Октябрьская", Ленинский пр-т, 12, т. 954-2818
✪ сервисный центр: т. 258-75-49, 258-75-92
✪ запчасти т. 943-8620
ТОВАР СЕРТИФИЦИРОВАН

3 Слова – слова

Finden Sie alle Wörter in diesen Wortschlangen? Schreiben Sie sie auf.

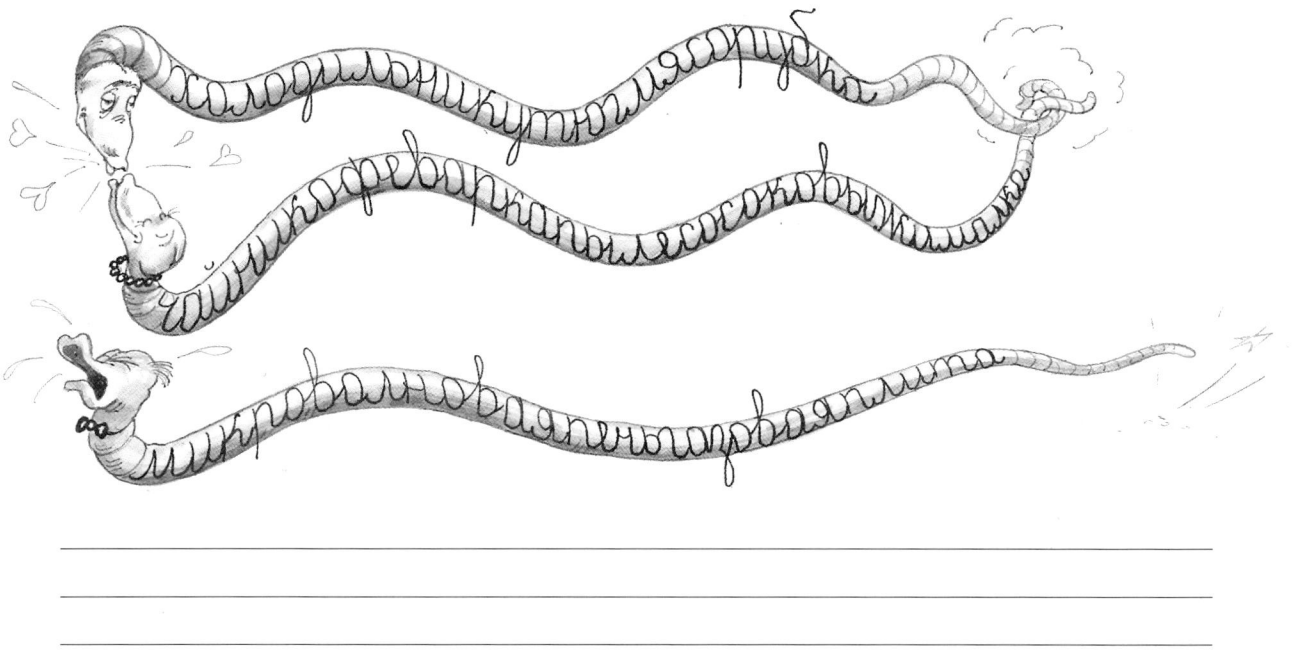

_____

_____

_____

_____

4 Кроссворд

Sie finden die versteckten Wörter
bestimmt sofort. Notieren Sie sie.

1. _____
2. _____
3. _____
4. _____
5. _____
6. _____

Щ	В	С	М	А	Е	О	Р	Г	Ч	О
Н	М	Т	Я	Щ	М	П	Ц	К	Л	Ё
Э	К	Х	С	Л	Е	Ы	Т	Ю	Р	У
Х	О	Л	О	Д	И	Л	Ь	Н	И	К
Т	Ф	Э	Р	Щ	В	Е	Б	Ц	Н	Ы
К	Е	Л	У	Б	М	С	З	Ж	У	Ш
Д	В	Г	Б	Ч	Й	О	Ё	Э	Т	Я
Щ	А	Ы	К	Д	С	С	Й	Ч	Ю	П
П	Р	Э	А	Й	Н	Б	Т	З	Г	Ц
Ц	К	Щ	Л	Г	Д	Ж	Е	О	А	Ф
Ч	А	Й	Н	И	К	Ш	Р	Е	Щ	О

5 BSH в России

a) Lesen Sie den Zeitungsartikel. Konzentrieren Sie sich dabei nur auf die wichtigsten Informationen.

b) Welche Überschrift passt am besten zu dem Artikel? Haben Sie noch eine bessere Idee?

Новый завод в России

Современные газовые плиты производятся[1] в Подмосковье

У BSN большие планы

Первый блин не комом[2]!

BSH не боится инвестировать в Россию

«**М**ы не боимся инвестировать в Россию, так как позитивно оцениваем динамику ее экономического развития». – об этом заявил в Москве Ханс-Петер Хазе, член правления немецкой компании Bosch und Siemens Hausgeräte GmbH. являющейся вторым после шведского концерна «Электролюкс» производителем бытовой техники в Европе.

Поводом для пребывания господина Хазе в Москве явилось открытие в подмосковной Черноголовке первого предприятия немецкой компании в России, которое будет заниматься сборкой газовых плит. На заводе, оснащенном самым современным оборудованием, занято всего 24 работника (все они – граждане России, прошедшие стажировку на предприятиях немецкой фирмы). До конца года завод изготовит 50 тысяч газовых плит четырех моделей – по две от каждой компании. По достижении проектной мощности он будет выпускать 100, а в перспективе – при увеличении персонала – 200 тысяч газовых плит в год.

«Мы гордимся тем, что стали первыми среди производителей бытовой техники в мире, организовавшими собственное производство в России. Причем это только первый шаг. Мы уже работаем над планами создания еще одного производства в вашей стране», – сказал господин Хазе.

Первые немецкие газовые плиты российской сборки были торжественно переданы в качестве подарка детскому саду, дому инвалидов и гостинице города Черноголовка, который является побратимом немецкого Нойбиберга.

(Соб. инф.)

---

c) Welche der Aussagen stimmt mit dem Text überein? Kreuzen Sie an.

1. В Подмосковье работает

☐ завод фирмы ‹Занусси›.
☐ завод компании ‹Сименс› и ‹Бош›.
☐ завод шведского[3] концерна ‹Электролюкс›.

2. Завод производит[4]

☐ пылесосы.
☐ газовые плиты.
☐ стиральные машины.

3. Все двадцать четыре работника[5]

☐ русские.
☐ немцы.
☐ иностранцы.

4. Компания планирует

☐ продать[6] свой завод.
☐ открыть ещё один завод в России.
☐ открыть новый магазин.

5. Первую продукцию завод

☐ продавали в Москве.
☐ продавали в Германии.
☐ подарили детям, инвалидам и гостинице города Черноголовка.

[1]hergestellt werden [2]Klumpen [3]schwedisch [4]herstellen [5]Arbeiter [6]verkaufen

6 Так ли это?

Вы прочитали о Мартине и Игоре. Lesen Sie jetzt die Kurzfassung des Textes, in die sich einige Fehler eingeschlichen haben. Finden Sie sie? Na klar! Korrigieren Sie die falschen Sätze.

> Игорь работает в институте экономики. Они с женой и детьми живут в двухкомнатной квартире. Недавно Игорь купил новую машину. Валентина работает учительницей. А Мартин работает бухгалтером на автозаводе. Он живёт в Эйзенахе. Он был представителем фирмы ‹Сименс› в Сибири. Скоро фирма направит его в Новосибирск. Игорь и Мартин работали на брифинге в одной группе. Игорь и Валентина пригласят Мартина в Москву.

_____

_____

_____

_____

_____

7 Новости[1] из Калининграда

a) Hören Sie den Ausschnitt aus einer Fernsehsendung von der Kassette / CD. Um was für eine Sendung handelt es sich?

☐ Spielfilm   ☐ Wetterbericht   ☐ Nachrichten   ☐ Talkshow

b) Hören Sie jetzt die Kassette / CD noch einmal. Von welcher Firma ist die Rede? Und um welchen Artikel geht es?

c) Sie finden bestimmt auch heraus, wie viele Artikel dieser Marke es in Russland gibt? Schreiben Sie es auf.

_____

_____

[1]_Neuigkeiten, Nachrichten_

Б 8 Дни недели

Hören Sie die Kassette / CD und ergänzen Sie die Lücken.

по _____ льник	чет _____ г	_____ ббота
втор _____	пятн _____	во _____ нье
сре _____		

9 Вчера – сегодня – завтра

Üben Sie die Wochentage noch ein bisschen? (Die Hilfsverben nicht vergessen!)

1. Вчера была пятница. Сегодня _____ . Завтра будет

_____ .

2. Сегодня среда. Вчера _____ _____ . Завтра _____

_____ .

3. Завтра будет вторник. Сегодня _____ . Вчера _____

_____ .

4. Вчера была среда. Сегодня _____ . Завтра _____

_____ .

5. Сегодня четверг. _____ .

_____ .

10 Кроссворд

a) Erraten? Dann haben Sie das Wort gefunden, das die Wörter miteinander verbindet.

b) Ein Wort fehlt aber. Welches? _____

1. второй день недели

2. четвёртый день

3. середина[1] недели

4. выходной[2], нерабочий день

5. первый день недели

6. пятый день

[1]Mitte [2]Ruhetag

11 Что вы делали?

Wenn Sie berichten wollen, was Sie in der Vergangenheit gemacht haben, brauchen Sie Verben.
Ergänzen Sie die passenden Wörter – natürlich in der Vergangenheit.

1. обед, ужин _____

2. спектакль, кино _____

3. метро, машина _____

4. театр, кино _____

5. телефон _____

6. продукты _____

7. квартира _____

8. фирма, институт _____

12 С понедельника до пятницы

a) Hören Sie, was Валентина über ihre Aktivitäten in der letzten Woche berichtet. Когда она посмотрела новый фильм?

_____

b) Hören Sie die Kassette/CD noch einmal. Welche der Zeichnungen passen zu dem Text?

_____

c) An welchen Wochentagen hat sie das gemacht?

_____

13 Уик-энд

a) Schreiben Sie auf, was Sie und Ihre Familienangehörigen am letzten Wochenende gemacht haben.

В субботу утром я _____

_____

_____

b) Und was planen Sie für das nächste Wochenende? (Erinnern Sie sich noch an das Futur?)

В субботу я буду _____

_____

_____

14 Планы Игоря

Schafft Игорь alles, was er sich vorgenommen hat? Schauen Sie im Text (Seite 106 / 107) nach und schreiben Sie auf, was er tatsächlich gemacht hat.

ПТ	СБ
15.00 встреча в Шереметьево 19.00 ужин и прогулка по Москве	9.00 завтрак 10.00 центр Москвы и Манежная площадь, потом вернисаж в Измайлово 20.00 балет в Большом театре.

В пятницу днём Игорь встретил Мартина в Шереметьево. Вечером они _____ ,

но не _____ по Москве.

_____

_____

_____

_____

B 15 Писать газету?

a) Welches Verb passt? Setzen Sie es in der Vergangenheit ein

писать – смотреть – встречать – покупать – читать – пойти
слушать – убирать – заказывать – ехать

газета	_____	сувенир	_____
музыка	_____	картина	_____
спектакль	_____	столик	_____
гость	_____	квартира	_____
кино	_____	такси	_____

b) Und wie lautet die Vergangenheit hier?

Она _____ газету.		Ты _____ сувенир?	
Они _____ музыку.		Он _____ картину.	
Я _____ спектакль.		Вы _____ столик?	
Гость _____ ужин.		Они _____ квартиру?	
Он _____ в кино.		Мы _____ на такси.	

16 Что Мартин делал в субботу?

покупать / купить   приглашать / пригласить   смотреть / посмотреть

ужинать / поужинать   заказывать / заказать   разговаривать

Сначала он _____ подстаканники. Потом они долго

_____ фотоаппараты. На выставке картин они

_____ с художником. Горшковы _____

Мартина в ресторан. Игорь _____ столик в

‹Центральном›. Вечером они там _____ .

17 Еженедельник

a) Hier ist Igors Terminkalender. Was hat er letzte Woche alles gemacht? Schreiben Sie es auf.

	Пн	Вт	Ср	Чт	Пт	Сб	Вс
8.00 10.00 12.00 14.00 16.00 18.00 20.00 22.00	звонок Мартину мама: день рождения цветы	столик в ресторане Централь-ный на субботу	продукты!	уборка квартиры	приготовить ужин Шереметьево рейс из Эрфурта	центр вернисаж Большой или Щепкинское и ресторан	

_____

_____

_____

_____

_____

_____

b) Расскажите о себе! Was haben Sie letzte Woche unternommen? Am Beispiel von Teil a) können Sie bestimmt auch über sich selbst schreiben.

_____

_____

_____

_____

_____

_____

_____

_____

18 Показывал или показал?

Setzen Sie die Verben im richtigen Aspekt ein.

1. Теперь Мартин Хаузер часто[1] бывает в Москве.

   Каждый раз, когда он едет туда, он звонит Горшковым, и

   они вместе проводят день или два. Они _____

   ему Москву. Летом они _____ ему

   Новодевичий монастырь[2]. Когда он ещё будет в Москве,

   они _____ ему Поленово.

   показывать / показать

2. Михаил Ветров – друг семьи Горшковых. И он знает
   Мартина Хаузера.

   видеть / увидеть

   – Ты давно _____ Мартина?,

   спросил он у Игоря.

   – Нет, я _____ его совсем недавно.

   Но скоро он снова будет в Москве.

   – Если _____ Мартина, скажи, что

   у меня есть сюрприз – очень красивый серебряный

   подстаканник. Я _____ его в

   Измайлово и сразу купил. Думаю, Мартину он тоже

   понравится.

   [1]oft [2]Kloster

3. – Игорь, ты не видел свежую газету?

спрашивать / спросить

– Нет, а ты у Стаса _____ ?

– Да, _____ , но он не брал.

– Тогда спроси[1] у Даши.

– Хорошо, сейчас _____ .

4. – Здравствуйте! Свету можно к телефону?

приглашать / пригласить

– Это опять[2] вы? Я же её уже _____ ,

но она не идёт.

– Ну, _____ ещё раз, пожалуйста!

– Хорошо, попробую.

[1]*frag* [2]*wieder*

19   Что мы будем делать завтра?

Bringen Sie den Dialog in die richtige Reihenfolge. Überprüfen Sie Ihr Ergebnis anhand der Kassette / CD. Alles richtig?

– А что тебя ещё интересует?

– На Старом[1] Арбате. Там тоже очень интересно: маленькие магазины, кафе, сувениры, уличные[2] музыканты.

– Я там уже была и мне очень понравилось.

– Отлично! Так и сделаем.

– Ну, я люблю классическую литературу и театр.

– Завтра пятница, работают все музеи, выставки. Хочешь, пойдём в Третьяковскую галерею?

– Тогда можно посмотреть ‹Пиковую даму› в театре им. Вахтангова или ‹Волки и овцы[3]› Островского в Малом театре. Ну, что скажешь?

– Давай пойдём на ‹Пиковую даму›! А где этот театр?

– Русская классика тебя интересует?

1   – А что мы будем делать завтра?

– А давай, мы сначала погуляем по Арбату, а потом пойдём в театр.

– Да, конечно.

[1]*alt* [2]*Straßen-* [3]*Wölfe und Schafe*

20 Письмо Игорю

Martin schreibt einen Brief an Игорь. Er hat Probleme mit den Aspekten. Können Sie ihm helfen?

Здравствуй, Игорь!
Вот я снова дома. Большое спасибо, что _____
_____ меня в Москву. С удовольствием
_____ спектакль в Щепкинском училище
и вернисаж в Измайлово. И, конечно, ресторан мне
тоже очень _____ . Спасибо Валентине
за то, что _____ такие вкусные
вещи, особенно пирожки. Теперь _____
вас к себе в гости. Большой привет Стасу и Даше.
До свидания,
Мартин.

Falls es Ihnen noch schwerfällt, hier die einzusetzenden Verben:

приглашать/
пригласить

смотреть/
посмотреть

готовила/
приготовила

нравиться/
понравиться
(2x)

¹вещи *Dinge, Sachen*

21 Расскажите!

a) Sie erinnern sich bestimmt an diese Personen. Schreiben Sie auf, was Sie über sie wissen.

Вера Алексеевна Куликова, Москва, 35, учительница, двое детей, 6 и 10 лет, чтение¹, кино	Игорь Петрович Горшков, Москва, 34, экономист, двое детей, 11 и 9 лет, интернет	Николай Ефимович Воронов, Липецк, 39, программист, рыбалка, поп-музыка	Надежда Георгиевна Беляева, Липецк, 42, инженер, дочь Ирина, 16, детективы²

1. Это _____ . Она живёт в

_____ . Ей _____ лет. По профессии _____

_____ . У неё _____

_____ . Её интересует _____

_____

_____

_____

_____

¹*Lesen* ²*Krimis*

b) Теперь расскажите о себе. Diese Stichwörter helfen Ihnen dabei.

имя?	сколько лет?	где живёте?	квартира / дом?
работа?	муж / жена?	дети?	хобби?

_____

_____

_____

_____

22   Скороговорки[1]

Ordnen Sie den Zungenbrechern die deutschen Entsprechungen zu. Hören Sie sie dann mehrmals von der Kassette / CD und los geht's!

1. У четырёх черепашек по четыре черепашонка.

2. Батон, буханку, баранку пекарь испёк спозаранку.

3. Шесть мышат в камыше шуршат.

4. Съел Слава сало, да сала было мало.

5. Карл у Клары украл кораллы, а Клара у Карла украла кларнет.

6. Шла Саша по шоссе и сосала сушку.

a) Karl klaute Klara Korallen und Klara klaute Karl 'ne Klarinette.

b) Slawa aß Speck, aber Speck gab's zu wenig.

c) Sascha ging die Chaussee entlang und lutschte an einem trockenen Brotkringel.

d) Vier Schildkröten haben je vier Schildkrötjunge.

e) Einen Laib Weißbrot, einen Laib Schwarzbrot und Zwieback buk der Bäcker sehr früh am Morgen.

f) Sechs Mäuse rascheln im Schilf.

[1]*Zungenbrecher*

Ты течёшь, как река. Странное название!
И прозрачен асфальт, как в реке вода.
Ах, Арбат, мой Арбат,
                                              ты – моё призвание.
Ты – и радость моя, и моя беда.

Пешеходы твои – люди не великие,
Каблуками стучат – по делам спешат.
Ах, Арбат, мой Арбат,
                                              ты – моя религия,
Мостовые твои подо мной лежат.

От любови твоей вовсе не излечишься,
Сорок тысяч других мостовых любя.
Ах, Арбат, мой Арбат,
                                              ты – моё отечество,
Никогда до конца не пройти тебя!

Du fließt dahin wie ein Fluss. Welch sonderbarer Name!
Und dein Asphalt ist so klar wie Flusswasser.
Ach, Arbat, mein Arbat, du bist mein Schicksal.
Meine Freude bist du und mein Leid.

Deine Fußgänger sind keine großen Leute,
mit den Absätzen klappernd, gehen sie eilig
    ihren Geschäften nach.
Ach, Arbat, mein Arbat, du bist meine Religion,
dein Pflaster liegt unter mir.

Von der Liebe zu dir kann man nie genesen,
auch wenn man vierzigtausend andere Pflaster liebt.
Ach, Arbat, mein Arbat, du bist mein Vaterland,
nie kann man dich ganz durchmessen.

¹*kleines Lied*

Учительница из Минусинска

A

1 Как правильно?

Finden Sie für jedes Substantiv ein inhaltlich passendes Adjektiv? (Achtung: Endungen!)

новый	знаменитый
праздничный	интересный
чистый	хороший
современный	добрый
начальный	маленький

день	правда
город	писатель
подарок	актёр
квартира	роман
ужин	школа

2 Новые слова

a) Bilden Sie aus diesen Adverbien Adjektive. Doch, das schaffen Sie schon!

горько	_____	приятно	_____
бедно	_____	спокойно	_____
отлично	_____	бесплатно	_____
уютно	_____	глубоко	_____
тихо	_____	трудно	_____
ужасно	_____	скучно	_____
хорошо	_____	успешно	_____

b) Welche vier Adjektive enden nicht auf -ый? Warum? (Denken Sie an г, к, х und die Zischlaute!)

3 Кто что делает?

Mit Adjektiven werden Ihre Aussagen interessanter. Probieren Sie es aus.

Мой друг	посмотрим	праздничный	магазине.
Они	рассказывают	русского	театр.
Ты	купишь	о дорогом	газету.
Я	люблю	новый	выставку.
Мы	готовит	интересную	ужин.
Моя подруга	встречает	свежую	фильм.
Наш курс	смотрит	современный	гостя.

_____

_____

_____

_____

_____

_____

_____

_____

4 Это дорогой магазин!

Finden Sie ein passendes Adjektiv?

1. В этом магазине высокие цены. Это _____ *дорогой* _____ магазин.

2. Эту газету я купила сегодня. Это _____ газета.

3. Нина Ивановна хорошо объясняет математику. Она _____ учительница.

4. Я сегодня целый день читаю этот роман. Он очень _____ .

5. В этой гостинице много этажей. Это _____

_____ .

6. В квартире Игоря четыре комнаты. Это _____

_____ .

7. Сегодня в музее день открытых[1] дверей, поэтому вход в музей _____

_____ .

_____
[1]*offen, geöffnet*

5 Кроссворд

a) In diesem Buchstabensalat sind sieben Adjektive versteckt. Suchen Sie → , ← und ↘ .

М	Х	О	Р	О	Ш	И	Й	К
Д	А	Ф	Т	Ч	З	С	В	Б
Н	П	Л	О	Х	О	Й	Е	И
И	С	Э	Е	Е	А	У	К	Л
З	Д	А	Р	Н	И	Й	Н	Б
К	Г	Б	О	Л	Ь	Ш	О	Й
И	И	У	Р	А	Г	К	И	Й
Й	Щ	В	Ы	С	О	К	И	Й
Г	О	Р	О	Д	С	К	О	Й

1. _____
2. _____
3. _____
4. _____
5. _____
6. _____
7. _____

b) Gruppieren Sie die Adjektive so, dass Paare entstehen. Nach welchem Prinzip haben Sie sortiert?

_____
_____
_____

c) Welches Adjektiv hat keinen Partner?

_____

6 Пейзаж или натюрморт?

Hören Sie das Gedicht, lesen Sie es laut und ergänzen Sie die beiden Wörter. (Wörterbuch!)

Что я узнал!
Если видишь: на картинке
Нарисована река,
Или ель и белый иней,
Или сад и облака,
Или снежная равнина,
Или поле и шалаш,
То подобная картина
Называется _____

Если видишь на картине
Чашку кофе на столе,
Или морс в большом графине,
Или розу в хрустале,
Или бронзовую вазу,
Или грушу, или торт,
Или все предметы сразу –
Знай, что это _____

А. Кушнер

7 Знаменитая актриса

a) Können Sie diese Wendungen deklinieren? Bestimmt!

Nom.	*знаменитая актриса*	Nom.	*популярная выставка*
Gen.	_____	Gen.	_____
Dat.	_____	Dat.	_____
Akk.	_____	Akk.	_____
Instr.	*(со)*	Instr.	*(с)*
Präp.	*(о)*	Präp.	*(о)*

Nom.	*талантливый инженер*	Nom.	*интересный вернисаж*
Gen.	_____	Gen.	_____
Dat.	_____	Dat.	_____
Akk.	_____	Akk.	_____
Instr.	*(с)*	Instr.	*(с)*
Präp.	*(о)*	Präp.	*(о)*

b) Популярная выставка и интересный вернисаж. Ergänzen Sie.

1. Сегодня открылись[1] _____

   и _____ .

2. Газеты много пишут о _____ и

   о _____ .

3. На _____ и

   _____ много людей.

4. Знакомство с _____ и

   _____ началось[2] уже в фойе.

5. Здесь можно купить каталоги _____ и

   _____ .

6. Мы тоже посмотрели _____ и

   _____ .

[1]*eröffnet werden* [2]*anfangen werden*

c) Diese Fragen können Sie beantworten. Verwenden Sie jeweils alle passenden Wendungen aus a).

1. Кто на фотографии? _____

_____

_____

2. О ком пишут в журнале? _____

_____

_____

3. У кого журналист берёт интервью? _____

_____

_____

4. Кого пригласили на новую работу / роль? _____

_____

_____

5. С кем ждёт встречи[1] публика?

_____

_____

_____

6. Кому журналист даёт слово? _____

_____

8 Новый или новая?

[1]*Treffen, Begegnung*

Noch mehr Adjektive! Das klappt schon prima, oder?

1. Зайцевы смотрят видеокассету с _____
   фильмом Никиты Михалкова ‹Сибирский цирюльник[1]›.
   На вечер они заказали столик в _____
   ресторане ‹На мельнице[2]›.

2. Миша Воронов поехал в Москву с _____
   подругой. Завтра они идут в театр ‹Малой Бронной›
   на _____ спектакль ‹Доктор Фауст›.
   Ему очень интересно с _____ подругой.
   Он много думает о _____ подруге.

[1]*sibirischer Barbier* [2]*Mühle*

9 Что пишут газеты?

In diesen Zeitungsüberschriften fehlen die Adjektive. Ergänzen Sie sie.

косметический   элитный   жилой[1]   русский

рождественская[2]   мужской   японской[3]

чайной[4]   французская   парижский[5]

КЛУБ»

РАСПРОДАЖА

КОМПЛЕКС

САЛОН НА ДОМУ

ЖУРНАЛ

«Рождество в Париже». Рождество — самый удивительный и волшебный праздник. А рождественские праздники в Париже обладают особой притягательностью из-за магического воздействия этого великого города, в чем вы убедитесь, посмотрев передачу.

человек

на

церемонии

ЖЕНЩИНА»

Драма. История странной любви французского офицера и его жены, искалеченной Второй мировой войной. Режиссер Р. Варнье. В ролях: Э. Беар, Д. Отей. Франция. 1995 год.

[1]Wohn- [2]Weihnachts- [3]japanisch [4]Tee- [5]Pariser

Б 10 Доброе утро

Welche der Substantive passen zu den Adjektiven? (Achtung: Endungen!) Tragen Sie sie ein.

художник квартира письмо подруга вечер учебник учительница ужин	вечер слово сердце человек друг подруга утро дело	песня компьютер сокурсник дом улица фильм квартира дача	вино конфета яблоко мороженое сыр торт икра варенье
хороший	*доброе*	*новая*	*вкусное*

11 По алфавиту

Markieren Sie alle Adjektive und schreiben Sie sie danach in alphabetischer Reihenfolge auf.

расписание	здравствуй	бесплатно	праздничный
отправление	красивая	именно	большой
мокрое	людей	пожалуйста	малый
удовольствие	уютно	новый	вкусный
здоровье	городской	коробкой	новая
работой	хороший	объявлений	современная
профессия	должен	высокое	мороженое

12 Что вам понравилось? А почему?

Überlegen Sie sich drei bis vier weitere Beispiele und schreiben Sie sie auf.

роман – человек – картина – учительница – ресторан – письмо
салат – актриса – место – мясо в горшочке

Мне понравился этот роман. Он очень интересный.
Мне понравилась эта

13 Какой? Какая? Какое?

Schreiben Sie möglichst viele Adjektive auf, um diese Substantive näher zu bestimmen.

квартира – _____

музыка – _____

вагон – _____

пьеса[1] – _____

кофе – _____

человек – _____

улица – _____

яблоко – _____

качество – _____

завод – _____

[1]Schauspiel, Theaterstück

14 Вкусное яблоко

a) Sie können diese Wendungen deklinieren, oder?

Nom. *вкусное яблоко*   Nom. *домашнее варенье*

Gen. _____   Gen. _____

Dat. _____   Dat. _____

Akk. _____   Akk. _____

Instr. *(с)* _____   Instr. *(с)* _____

Präp. *(о)* _____   Präp. *(о)* _____

b) Sie lieben doch bestimmt auch hausgemachte Konfitüre. Werben Sie dafür!

Я люблю _____ . Без _____

я не могу прожить ни дня! Я мечтаю о _____ !

Начинай[1] свой день с _____ !

Летом и зимой _____ – да!

_____ – мой лучший[2] друг!

[1]beginne [2]bester

c) Es gibt so viel, was gut schmeckt. Werben Sie für zwei Ihrer Favoriten.

B 15 Где?

a) Was passt zusammen? Verbinden Sie.

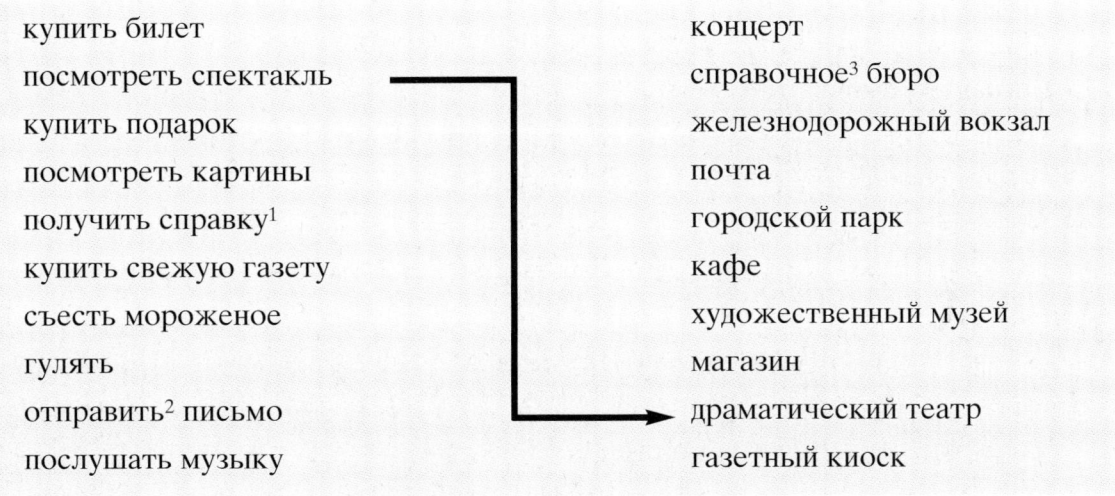

купить билет	концерт
посмотреть спектакль	справочное[3] бюро
купить подарок	железнодорожный вокзал
посмотреть картины	почта
получить справку[1]	городской парк
купить свежую газету	кафе
съесть мороженое	художественный музей
гулять	магазин
отправить[2] письмо	драматический театр
послушать музыку	газетный киоск

b) Что вы хотите делать и куда вы едете или идёте? Schreiben Sie es auf.

Я хочу купить билет и еду на

[1]*Bescheinigung* [2]*Auskunfts-* [3]*Post*

16 Найдите[1] ответы[2]!

Welche Antwort gehört zu welcher Frage? Tragen Sie es ein.

1	2	3	4	5	6	7	8	9	10	11	12	13	14

1. Где ты живёшь?
2. Как зовут старшую сестру Саши?
3. От кого Зоя получила письмо?
4. Вам понравился новый фильм?
5. Кому ты звонила?
6. Кто она по профессии?
7. А сколько ей лет?
8. Когда у неё день рождения?
9. А что ты ей подарила?
10. Дети у неё есть?
11. Что это ты всё читаешь и читаешь?
12. Света, что ты делаешь?
13. Ещё кусочек торта?
14. Какое мороженое вы хотите?

а) Да, сын и дочь.
б) Нет, он очень скучный.
в) Тридцать пять.
г) Домашнее задание, мама.
д) Да вот детектив очень интересный.
е) Шоколадное, пожалуйста.
ж) Учительница немецкого языка.
з) Моей русской подруге.
и) С удовольствием, он очень вкусный.
к) В Москве.
л) Третьего августа.
м) От немецкой подруги.
н) Ирина Петровна.
о) Большой немецко-русский словарь.

[1]finden Sie/findet [2]Antworten [3]älter [4]Geburtstag [5]Stückcken [6]Krimi [7]Wörterbuch

17 Собираем слова

a) Wie viele Wörter können Sie zu den Oberbegriffen продукты und город aufschreiben?

_____ _____   _____ _____

_____ _____   _____ _____

_____ _____   _____ _____

_____ _____   _____ _____

b) Überlegen Sie selbst zwei weitere Oberbegriffe und notieren Sie alle Wörter, die dazu passen.

18 С песней по жизни

a) Lesen Sie den Text. Sie brauchen nur das Wesentliche zu verstehen, um die beiden Fragen zu beantworten.

1. Кто? _____

2. Где? _____

b) Entscheiden Sie beim zweiten Durchgang, ob Sie die Lücken selbst ausfüllen, oder ob Sie die Adjektive aus dem Kasten einsetzen.

большой (2x)	знаменитый (2x)
маленький	необычный[1] оперный
русский	хороший

Московская Комедная Газета   № 15 (37) АВГУСТ 2000   ИСТОРИЯ и КУЛЬТУРА

С песней по жизни

Ф ёдор Иванович Шаляпин, _____ _____ _____ бас, не
5 раз давал концерты в Германии. С _____ успехом он пел на многих немецких сценах. Одной из такой сценой стал _____
10 обувной[2] магазин в Берлине, где певец хотел купить себе пару _____ обуви. Шаляпин примерял пару за

парой и напевал при этом. Из кабинета вышел хозяин. Он   15 сразу узнал Шаляпина и пришёл в _____ восторг от такого _____ покупателя[3]. Хозяин попросил Шаляпина принять в подарок две   20 пары самых красивых и модных ботинок[4]. На следующий день берлинские газеты написали о _____ концерте _____   25 баса.

[1]ungewöhnlich [2]Schuh- [3]Käufer [4]halbhohe Schnürstiefel

c) Welchen Titel würden Sie der Episode geben? Vielleicht haben Sie noch eine bessere Idee?

☐ Концерт в Берлине
☐ Шаляпин в Берлине
☐ Необычный покупатель
☐ Необычный концерт

19 Брачное[1] объявление

a) Lesen Sie die Annoncen. Was, glauben Sie, bedeuten die Zahlen?

b) Verstehen Sie die Abkürzungen? Ordnen Sie sie den Erläuterungen zu und tragen Sie sie ein.

ЧАСТНЫЕ СООБЩЕНИЯ

БРАЧНЫЕ

ЖЕНЩИНА 29/170, крупная, спортивная, энергичная, трудолюбивая. Мечтаю о семье, основанной на взаимопонимании, уважении, сексуальной совместимости, и, если повезет, любви. Не ищу спонсора, принца и нового русского. Уверенна, что сделаю вас счастливым. Липецк-58 д/в Селифановой.

ЖЕНЩИНА 34/166, стройная, приятная, познакомится с порядочным, высоким мужчиной. Липецк-50 а/я 470.

ЖЕНЩИНА 34/168, интересная во всех отношениях, познакомится с интеллигентным, высоким мужчиной без проблем, для создания семьи. Липецк-42

МУЖЧИНА интеллигентный, порядочный, 39/174/75, с в/о, а/м, без в/п и м/п, с хор. характером, познакомится для серьезных отношений с доброй, порядочной липчанкой подходящего возраста, можно с ребенком, без ж/п, которая не потеряла надежду создать нормальную семью. Липецк-6 а/я 872.

МУЖЧИНА любящий классику, выглядит современно, изобретателен, необычен, надежно-финансово устойчив, руководит агентством, примет идеальное предложение от девушки 18-20 лет, с серьезным взглядом на семейную жизнь. Липецк-46 а/я 1328, СЗ аб. 140.

_____
вредные[2]
привычки[3]

_____
материальные
проблемы

_____
высшее
образование

_____
жилищные[4]
проблемы

_____
абонентский
ящик[5]

ЖЕНЩИНА. Ищу свою половину - энергичного, веселого парня. О себе: 28/165, в/о, обаятельная, контактная. ул. Циолковского, 37/2, "СЗ", аб. 88268.

ЖЕНЩИНА. Молодая женщина, с в/о, ласковая, умная, красивая, 31/170, обеспеченная, без в/п, познакомится с мужчиной до 40 лет, для создания семьи, серьезным, без в/п. Судимых не беспокоить. Липецк-41 д/в Яловенко Т.Н.

ЖЕНЩИНА. Обаятельная, длинноволосая шатенка, с зелеными глазами, 33/162, в/о медиц., хорошо готовит, шьет, вяжет, современная в одежде, разделит горести и радости с одиноким, интеллигентным мужчиной. Липецк-43, ул. Циолковского, 37/2, СЗ аб. 88345.

ЖЕНЩИНА обаятельная 32/161, в/о, средней полноты, с мягким и нежным сердцем, надеется встретить серьезного мужчину, желат. военного. Липецк-43, ул. Циолковского, 37/2, СЗ, аб. 88311.

ЖЕНЩИНА одинокая, вдова, интеллигентная, доброжелательная, 45/167, познакомится с внимательным, порядочным мужчиной. Липецк-36 а/я 1165.

МУЖЧИНА 31/175/72, симпатичный, спортивного телосложения разведен, познакомится для создания семьи с симпатичной женщиной до 30 лет, не склонной к полноте, можно с ребенком. Телефон ускорит встречу. Липецк-24 д/в Шатовалов С.Н.

МУЖЧИНА 32 года, работаю, инвалид, надеется на скорую встречу с одинокой женщиной. Все умею делать. Жду ответа. Липецк 46 д/в Торшину И.В.

c) Wählen Sie die zwei interessantesten Anzeigen aus und tragen Sie die Informationen in die Tabelle ein.

	1	2
он / она		
какой возраст[6]		
какой рост[7]		
какой он / какая она?		
с кем хочет познакомиться?		

[1]Heirats- [2]schlecht, schädlich [3]Angewohnheit [4]Wohn- [5]Briefkasten [6]Alter [7]Körpergröße

d) **Какая она? Какой он?** Berichten Sie über Ihre Favoritin/Ihren Favoriten. Nehmen Sie die Tabelle zu Hilfe.

Это …	Ей / Ему …	Её / Его	Она / Он …

e) Kennen Sie jemanden, der alleine lebt? Schreiben Sie eine Anzeige für sie/ihn, natürlich für eine russische Zeitung.

20 Анекдоты

В третьем часу ночи. Телефонный звонок.

– Алло! Вы, наверное, уже спите?
– Конечно, сплю!
– Тогда извините, я перезвоню утром.

Вечер. Петя смотрит фильм по телевизору. Мама спрашивает:

– Ты уже сделал уроки[1]?
– Нет, потом сделаю.
– Но будет уже поздно[2].
– Учиться никогда[3] не поздно!

[1]hier: *Hausaufgaben* [2]*spät* [3]*niemals*

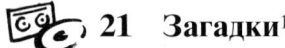 **21   Загадки**[1]

a) Lesen Sie und zählen Sie mit. (Wörterbuch!)

> Шёл Кондрат в Ленинград,
> А навстречу – двенадцать ребят
> У каждого по три лукошка,
> В каждом лукошке – кошка,
> У каждой кошки – двенадцать котят,
> У каждого котёнка
> В зубах по четыре мышонка,
> И задумался старый Кондрат:
> «Сколько мышат и котят
> Ребята несут в Ленинград?»
> (…)

> Сколько кошек[2]? _____
> Сколько котят[3]? _____
> Сколько мышей[4]? _____

> (…)
> Глупый, глупый Кондрат!
> Он один и шагал в Ленинград.
> А ребята с лукошками,
> С мышами и кошками
> Шли навстречу ему –
> В Кострому.
>
> *К. Чуковский*

b) Finden Sie auch heraus, wovon hier die Rede ist?

> Без языка живёт,
> Не ест, не пьёт,
> Говорит и поёт,
> Это _____

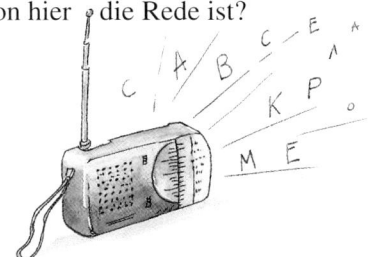

> Сели на страничку
> Тридцать три сестрички.
> Сели рядом – не молчат,
> Нам загадки говорят.
> Это _____

[1]*Rätsel* [2]*Katzen* [3]*Kater* [4]*Mäuse*

22   Михаил Жванецкий: ‹Привет, электорат!›

Михаил Жванецкий – известный современный писатель-сатирик. Seine gesellschaftskritischen Satiren sind in Russland sehr beliebt. Lesen Sie (mit Wörterbuch!) zwei kurze Auszüge aus seinem Buch ‹Привет, электорат!›. a) Welche Probleme spricht Жванецкий an? Formulieren Sie seine Aussagen mit eigenen Worten.

b) Zu welcher Aussage von Жванецкий passt diese Anekdote? Unterstreichen Sie die Textstelle.

1. Отношения с детьми не сложились.
   Придётся рожать до полного взаимопонимания.

2. То, что при свободе печатается, при диктатуре говорится. При диктатуре все боятся вопроса, при демократии – ответа. При диктатуре больше балета и анекдотов, при свободе – поездок и ограблений. Сказать, что при диктатуре милиция нас защищает, будет преувеличением. Она нас охраняет. В местах заключения.

> Звонок[1] в дверь.
> – Кто там?
> – Милиция[2]!
> – А что надо?
> – Поговорить!
> – А вас сколько?
> – Двое.
> – Вот и поговорите!

1. _____   2. _____

[1]*Klingeln, Läuten* [2]*Polizei*

Мы помогаем

Б **1** **Умная женщина**

a) Wie lautet der Plural? Schreiben Sie.

знаменитый актёр

_____

красивый букет

_____

вкусное яблоко

_____

большая гостиница

_____

красивый мужчина

_____

дорогой магазин

_____

красивая улица

_____

новая машина

_____

доброе сердце

_____

талантливый художник

_____

интересное письмо

_____

современный самолёт

_____

свежий сок

_____

хорошая учительница

_____

умная[1] женщина

_____

короткое[2] слово

_____

молодая бабушка

_____

популярная актриса

_____

b) Wählen Sie je ein Beispiel aus a) und deklinieren Sie die Wortverbindungen.

	Femininum	Maskulinum
Nom.		
Gen.		
Dat.		
Akk.		
Instr.		
Präp.		

[1]*klug* [2]*kurz*

2 Мартин в Москве

Ergänzen Sie die Endungen im Plural.

Горшковы готовят вкусн____ обед____ и ужин____ , убирают квартиру и встречают Мартина Хаузера. Мартину нравится Москва: историческ____[1] памятник____ , интересн____ выставк____ , красив____ станц____ метро, Старый[2] Арбат с маленьк____ магазин____ , ГУМ и, конечно, Красная площадь. Мартина интересуют стар____ фотоаппарат____ и современн____ картин____ .

На вернисаже в Измайлово он хочет купить серебрян____ под-стаканник____ . Валентина рас-сказала Мартину о современн____ художник____ и он решил купить две маленьк____ картин____ художника Ноздрина. Валентина интересуется театром и много знает о молод____ актёр____ и актрис____ . Вечером они идут в ресторан. Игорь и Валентина могут позволить себе ужинать в дорог____ ресторан____ .

[1]*historisch* [2]*alt*

3 Вы помните Горшковых?

Jetzt wird es schwieriger. In diesem Text fehlen die Adjektivendungen im Singular und im Plural. Schaffen Sie es, sie zu ergänzen? Lesen Sie den Text anschließend laut.

У Горшковых нов____ квартира. Теперь у них четыре больш____ комнаты в сталинск____ доме. У Игоря и Валентины хорош____ заработки. А недавно[1] Игорь купил нов____ немецк____ машину. Валентина хорошо готовит. Стас и Даша помогают маме. Дети особенно любят домашн____ праздники. Мама обязательно делает праздничн____ торт.

Вся семья сидит за больш____ столом и пьёт чай с домашн____ вареньем. Иногда родители ужи-нают в дорог____ ресторан____. Вся семья любит современн____ театр и смотрит нов____ пьесы[2] русск____ и немецк____ авторов. Игорь и Стас хорошо знают немецк____ язык, а Валентина и Даша – немецк____ и французск____ .

[1]*kürzlich, unlängst* [2]*Schauspiel, Theaterstück*

4 Фридрихсдорф помогает

Setzen Sie die Wendungen in den Klammern im Plural ein.

Протестанская община Фридрихсдорфа пригласила чернобыльских детей в (немецкую семью) _____ . Община лишь помогает им в (организационном вопросе) _____ _____ . Бригитте Бишоф послала в Валавск (новую фотографию) _____ . В первый раз в Германии Гриша испытал (странное чувство) _____ . Бригитте уже привыкла, что летом в семье живут (русский мальчик) _____ _____ . У семьи Бишоф (доброе сердце) _____ _____ . Когда русские дети уезжают домой, с ними остаются (приятное[1] воспоминание) _____ . Они напишут в Германию (длинное[2] письмо) _____ .

[1]angenehm [2]lang

5 Реклама

In dieser Annonce fehlen die Adjektive. Wählen Sie die passenden Wörter aus und ergänzen Sie sie.

хороший	настоящий	маленький	трудный	современный
здоровый[1]	интересный	умный[2]	любимый[3]	популярный

Комплект журналов ‹Улица Сезам› и ‹Улица Сезам для родителей›.
У вас есть _____ дети? Вы их очень любите и хотите, чтобы они были _____ и _____ . Теперь у вас есть два _____ помощника[4]!
Два _____ журнала в одной упаковке[5]. Журнал станет[6] _____ другом вашего ребёнка[7], научит[8] его читать и считать вместе с _____ персонажами[9] телесериала ‹Улица Сезам›.
Журнал ‹Улица Сезам для родителей› ответит на самые _____ вопросы. Комплект журналов ‹Улица Сезам› – педагогика _____ знаний[10] и _____ игр.

[1]gesund [2]klug [3]Lieblings- [4]Helfer [5]Paket [6]werden [7]Kind [8]lehren [9]Persönlichkeit [10]Wissen

6 Вопросы[1]

Ergänzen Sie die Fragen und stellen Sie sie an die anderen Kursteilnehmerinnen/Kursteilnehmer.

интересоваться	встречаться	познакомиться	начинаться
готовиться	писаться	оставаться	хотеться	нравиться

1. Чем ты / вы _____ ?

2. Где ты / вы _____ с друзьями?

3. Где ты / вы _____ с женой?

4. Когда _____ ваш урок?

5. Сколько времени ты / вы _____ дома?

6. Как _____ слово ‹помощь›?

7. Сколько времени у нас ещё _____ ?

8. Чего тебе сейчас очень _____ ?

9. Что вам очень _____ ?

[1]*Fragen*

7 Рисовать и фотографировать

я	рисую
ты	_____
он / она	_____
мы	_____
вы	_____
они	рисуют

я	фотографирую
ты	_____
он / она	_____
мы	_____
вы	_____
они	фотографируют

8   Что они делают и что он говорит?

Как вы себя _____ ?

_____

_____

_____

_____

9   Организовать или праздновать?

a) Setzen Sie in der linken Spalte die Verben aus dem Kasten ein.

чувствовать	рисовать	сфотографироваться
поцеловать	организовать	использовать	праздновать

b) Was passt zusammen? Finden Sie für jeden Satz eine passende Antwort oder Frage?

1. Как ты себя _____ ?

2. Что она _____ – портрет или пейзаж[1]?

3. Давайте мы все _____ !

4. А потом ты его _____ ?

5. Они _____ вечеринку[2] в субботу.

6. Он _____ весь свой шарм.

7. Вчера мы _____ день рождения[3].

Да, а он застеснялся[4]!

А она не согласилась?

Спасибо, хорошо. А ты?

??? А, вы же близнецы[5]!

Конечно, давайте!

Нет, это же натюрморт[6].

На этой неделе?

[1]*Landschaft* [2]*bunter Abend* [3]*Geburtstag* [4]*verlegen werden* [5]*Zwillinge* [6]*Stillleben*

10 А вам нравятся …?

Finden Sie für jedes Substantiv ein passendes Adjektiv. Schreiben Sie die Sätze auf.

фильмы	разговоры	цветы	интересные	красивые	трудные
машины	люди	вопросы	престижные	спортивные	дорогие
магазины	мужчины	женщины	откровенные	открытые	высокие

Мне нравятся интересные фильмы.

11 Что вы любите читать?

a) Was lesen Sie gerne? Entscheiden Sie sich für drei der vorgeschlagenen literarischen Gattungen und schreiben Sie, wann Sie welche Bücher lesen (auf der Arbeit, am Abend, im Urlaub, …).

газеты	детективы[1]	исторические[2] романы	стихи
специальная литература		научно[3]-популярная литература	
любовные[4] романы	кулинарные рецепты		русская классика
книги по искусству[5]	сказки[6]	немецкая классика	

Я очень люблю

[1]Krimis [2]historisch [3]wissenschaftlich [4]Liebes- [5]Kunst [6]Märchen

b) Notieren Sie Titel und – falls angegeben – Autorin/Autor der Bücher, die Sie kaufen, wenn Sie …

1. … ein Schleckermaul sind und gerne backen,

_____

2. … russische Schriftsteller lieben,

_____

3. … eine Diät planen, weil Sie Figurprobleme haben,

_____

4. … leidenschaftlich gerne Kreuzworträtsel lösen.

_____

 **12** И. Комарова. Новейший справочник по решению кроссвордов. 672 с.
В новом издании помещено существенно больше терминов и появились пояснительные статьи, что придало ему энциклопедический характер.
Цена 49 руб.

 **21** В. Есенков. Рыцарь. Легенда о Михаиле Булгакове. 800 с.
Глубокое исследование, отличающееся оригинальным взглядом на жизнь и мистические тайны творчества великого писателя.
Цена 49 руб.

 **13** Д. Сквайр. Уход за комнатными растениями. 108 с.
Иллюстрированное подарочное издание содержит множество советов о том, как подкармливать и поливать цветы, как найти им лучшее место в помещении и представить во всей красе.
Цена 99 руб.

 **22** 100 чудесных рецептов пирогов и тортов. 132 с.
Иллюстрированное подарочное издание с рецептами самых изысканных кондитерских изделий, достойных праздничного стола.
Цена 60 руб.

 **МИРОВЫЕ БЕСТСЕЛЛЕРЫ**

 **14** Р. Карлсон. Не переживайте по пустякам! 416 с.
Впервые на русском языке издана книга, ставшая необыкновенно популярной в 34 странах мира. Известный американский врач-психолог нашел простые и эффективные приемы, позволяющие изменить себя и свою жизнь к лучшему. Это особенно актуально в России в период экономических потрясений.
Цена 33 руб.

 **23** Р. Аткинс. Фигурка мирового класса. 360 с.
С. Кабот. Шейпинг-диета. 272 с.
Высокоэффективные диеты позволят за короткий срок, не страдая от голода, достичь идеального веса, избавиться от недугов и всю жизнь сохранять прекрасную форму.
Цена 60 руб.

 **15** Серия "Оккультные войны ХХ века"
И. Минутко. Искупление. 414 с.
И. Минутко. Заговор тайных вождей. 416 с.
Серия документальных триллеров на уникальном, ранее недоступном архивном материале о борьбе отечественной и зарубежной разведок в области расследование паранормальных явлений.
Цена 49 руб.

 **24** Д. Корте. Что должна знать о себе каждая женщина. 528 с.
Все о женском теле и его функциях, образе жизни и здоровье, симптомах и причинах распространенных женских заболеваний и современных методах их профилактики и лечения.
К. Ринэлер. Аптека для женщин. 255 с.
Цена 45 руб.

12 Стеснять – стесняться

a) Bilden Sie reflexive Verben.

встречать	_____	вернуть	_____
вытирать	_____	извинить	_____
обнимать	_____	целовать	_____
обидеть	_____	находить	_____
знакомить	_____	привязать	_____
интересовать	_____	хотеть	_____
учить	_____	продавать	_____

b) Und welches Verb passt zu den Aussagen?

Я _____ с друзьями ещё в школе. Раньше мы часто

_____ . Теперь мы _____ не так часто.

Две мои подруги _____ сейчас в другом городе. Но мы всегда

_____ на Новый год и празднуем его все вместе. Мы часто

ходим на симфонические концерты и вообще _____ музыкой.

Мне очень_____ , чтобы мы чаще[1] _____ .

[1]öfter

13 Приготовить – приготовиться

Wie geht der Satz weiter?

1. Он приготовил рыбу. Рыба _____ .

2. Ты продаёшь дом? Он действительно _____ ?

3. Я обидела подругу. Подруга _____ .

4. Он вернул жену. Жена к нему _____ .

5. Он встречает Таню на вокзале? Разве они ещё _____ ?

6. Вас познакомить? – Нет, мы уже _____ .

7. Да, они снова вместе, ведь он _____ (вернуться) .

8. Я очень люблю шоколад и сейчас мне _____ (хотеться) шоколада.

9. Она работает и _____ (учиться) в аспирантуре[1].

[1]wissenschaftlicher Anwärter

14 Эх, дороги[1] …

a) Lesen Sie den Zeitungsartikel (Wörterbuch!). Füllen Sie beim zweiten Durchgang die Lücken aus. Setzen Sie einfach платные[2] дороги im passenden Fall ein. Doch, das schaffen Sie!

АВТОБАНОМ – ЧЕРЕЗ ВСЮ РОССИЮ

Теперь уже никто не скажет, что у нас две беды – дураки и дороги. О плюсах и минусах _____ в России спорят уже давно.

5 Но факт остаётся фактом: _____ в России уже есть и у них есть свои преимущества. Во-первых, они более качественные и

10 удобные. Во-вторых, на деньги, заработанные на _____ , можно строить новые бесплатные дороги. К уже действующим _____ скоро

15 добавятся ещё три участка. Платным будет участок от Выборга до Санкт-Петербурга

и участок МКАД* – Кашира, частично – автомагистраль ‹Крым›. К сожалению, 20 российские финансисты не очень интересуются _____ . Преимущества _____ перед бесплатными неоспоримы: можно ехать с большой 25 скоростью, нет светофоров, высокое качество дорог.

Цены на _____ устанавливает не государство, а строители. Причём платят все 30 без исключения: и депутаты, и олигархи, на _____ все равны.

*Московская кольцевая[3] автодорога

b) Das Thema ist Ihnen bestimmt bekannt. Notieren Sie in einem Satz (möglichst mit eigenen Worten), worum es geht.

_____

_____

c) Welche drei Strecken werden bald gebührenpflichtig? Können Sie sie auf der Russlandkarte hinten in Ihrem Lehrbuch finden? Welche Vorteile werden in dem Artikel genannt? Unterstreichen Sie die betreffenden Textstellen.

1. _____   2. _____   3. _____

[1]Wege [2]bezahlt [3]Ring-

15 Оригинальные рецепты

a) Von welchem Rezept ist auf der Kassette / CD die Rede? Kreuzen Sie an.

 Рецепт приготовления[1]

☐ пирожков.
☐ кофе.
☐ чая.
☐ пельменей.

b) Hören Sie den Text noch einmal. Welches Rezept wurde im Text beschrieben?

1. Полстакана крепкого чая, полстакана красного вина, одна палочка гвоздики, мёд или сахар по вкусу.

2. Полстакана крепкого чая, полстакана апельсинового сока, сок половины лимона, 10–20 г коньяка, сахар по вкусу.

3. Полстакана холодного чая, немного лимонного сока, полстакана шампанского, сахар по вкусу.

c) Haben Sie ein Lieblingsrezept? Schreiben Sie die Zutaten auf und stellen Sie es im Kurs vor. Findet jemand heraus, um welches Rezept es geht?

_____

_____

_____

_____

[1]*Zubereitung*

СТАРИННЫЕ РЕЦЕПТЫ

Великий пост всегда имел не только религиозное, но и практическое значение: после обильных масленичных трапез желудки требовали отдыха. Нынче Великий пост начинается 26 февраля и длится семь недель перед Пасхой. Среда, пятница, страстная неделя — строго постные дни. В остальные дни можно побаловать себя рыбными блюдами — традиционно любимыми на Руси. Предлагаем несколько рецептов старинных русских блюд.

ГРИБНЫЕ ПЕЛЬМЕНИ

Постное тесто: 2 стакана муки, полстакана воды, одна столовая ложка растительного масла, соль.
Начинка из ста граммов сухих грибов, четырехсот граммов рыбного филе (лучше, естественно, филе осетрины, лосося, палтуса...), двух луковиц, полстакана растительного масла, соли и перца. Грибы надо промыть и залить водой, чтобы она покрывала их сверху на два пальца, и варить до мягкости. Потом пропустить через мясорубку рыбное филе, грибы, лук. Всё это перемешать и обжарить до полной готовности на сковородке с маслом. Потом лепить пельмени обычным способом.

16 Слова

Welche Wörter gehören zur gleichen Wortfamilie?

качественный	проза	биографический	прочитать
фантазия	журнал	прозаический	читатель
журналист	качество	фантазировать	читать
биография	прозаик	неудобочитаемый[1]	фантазёр
журнальный	биограф	пофантазировать	чтение

качественный —

[1]*nicht gut lesbar*

17 Программа

Игорь и Валентина Горшковы составляют[1] программу для Мартина Хаузера. Как вы думаете, что они хотели бы ему показать?

В пятницу мы _____

ему Москву и _____

дома, он же любит русскую кухню.

В субботу утром _____

в центре Москвы, потом _____

_____ на вернисаж в Измайлово.

А вечером _____

новый спектакль в Щепкинском

училище и _____

в ресторане.

[1]*zusammenstellen*

18　Марина Цветаева

a) Lesen Sie die Buchbesprechung. Markieren Sie alle wichtigen Informationen, die Sie im ersten Durchgang verstehen. (Greifen Sie erst dann zu Ihrem Wörterbuch!)

Ирма Кудрова
Гибель[1] Марины Цветаевой

Это очень знаменитая книга. Недавно она была переиздана. Ирма Кудрова занимается Цветаевой много лет. Плоды этих лет и видны
5 в книге. У нас довольно редко встречается качественная биографическая проза. Как правило, вместо биографии читатель получает либо неудобочитаемую
10 диссертацию, либо беллетризованные журналистские фантазии.

Книжка Кудровой не страдает ни одним из этих недостатков. Это темпераментный, и при этом очень сдержанный рассказ о последних 15 годах жизни Цветаевой на основе большого количества реальных фактов и документов. С большим тактом автор рассматривает все возможные версии самоубийства, 20 даже самые спекулятивные.
В этой книге много интересных открытий. Невозможно читать эту строгую, холодную по стилю книгу без сердечной боли. 25

b) Können Sie das Thema des Buches nennen?

Тема: _____

c) Kürzen Sie den Text so, dass er nur das Wichtigste enthält.

_____
_____
_____
_____
_____
_____

d) А вы хотите прочитать эту книгу? Почему?

_____
_____
_____

[1]*Tod, Untergang*

19 Стихи

Das Gedicht von **Марина Цветаева** können Sie zwar noch nicht selbst sprachlich erschließen, vielleicht macht es Ihnen aber trotzdem Freude, einmal wunderschönes Russisch im Original zu hören. Damit Sie sich inhaltlich orientieren können, haben wir eine freie Übersetzung angefertigt, die den Sinn des Gedichtes wiedergibt. Die Anmerkungen in den Fußnoten helfen Ihnen, sich ihm – mit ein bisschen Geduld – auch sprachlich zu nähern. Hören Sie aber zunächst die Kassette / CD. Übrigens hat Zwetajewas Gedicht keine Überschrift. Haben Sie eine gute Idee – oder zwei?

Марина Цветаева

* * *

Вот опять окно,
Где опять не спят.
Может – пьют вино,
Может – так сидят.
Или просто – рук
Не разнимут двое.
В каждом доме, друг,
Есть окно такое.

Крик разлук и встреч –
Ты, окно в ночи!
Может – сотни свеч,
Может – три свечи.
Нет и нет уму
Моему – покоя.
И в моём дому
Завелось такое.

Помолись, дружок, за
бессонный дом,
За окно с огнём!

23 декабря 1916

Da ist es wieder, das Fenster,
wo die Bewohner wieder nicht schlafen.[1]
Mag sein, dass sie Wein trinken,
mag sein, dass sie einfach nur so sitzen.
Oder zwei halten sich einfach fest bei den
Händen und lassen einander nicht los.[2]
In jedem Haus, Freund,
gibt es ein solches Fenster.

Der Schrei der Trennungen und Begegnungen –
das bist du, Fenster in der Nacht!
Mag sein, hundert Kerzen,
mag sein, drei Kerzen.
Nein, mein Verstand findet und findet
keine Ruhe.[3]
Auch in meinem Haus hat sich so etwas
eingenistet.

Bete, mein lieber Freund[4], für[4]
das schlaflose Haus,
für das Fenster, hinter dem das Licht brennt[5].

[1] *wörtl.:* «…, wo wieder sie nicht schlafen.»
= …, wo man nicht schläft.
[2] *wörtl.:* «Oder einfach – die Hände nicht auseinander nehmen zwei.» – Die Vorsilbe раз hat im Russischen inhaltlich eine viel tiefere Bedeutung – deshalb die etwas umständliche Übertragung.
[3] *wörtl.:* «Nicht und nicht meinem Verstand (ist) der Ruhe.»
[4] *wörtl.:* «kleiner Freund» – Im Russischen auch als Zeichen besonderer Vertrautheit benutzt.
[5] *wörtl.:* «…, für das Fenster mit dem Feuer!»

Hören Sie das Lied von der Kassette / CD. Es singt Жанна Бичевская, eine bekannte russische Liedermacherin. Schaffen Sie es, die Lücken zu ergänzen? Bestimmt!

Миленький ты мой,

Возьми меня с собой!

Там, в краю далёком,

Буду тебе _____ .

    Милая моя,

    Взял бы я тебя,

    Но там, в краю далёком,

    Есть у меня _____ .

Миленький ты мой,

Возьми меня с собой!

Там, в краю далёком,

Буду тебе _____ .

    Милая моя,

    Взял бы я тебя.

    Но там, в краю далёком,

    Есть у меня _____ .

Миленький ты мой,

Возьми меня с собой!

Там, в краю далёком,

Буду тебе чужой.

    Милая моя,

    Взял бы я тебя.

    Но там, в краю далёком,

    Чужая ты мне не нужна.

СТАРЫЕ РУССКИЕ НАРОДНЫЕ ДЕРЕВЕНСКИЕ И ГОРОДСКИЕ ПЕСНИ И БАЛЛАДЫ

Жанна Бичевская

Когда народ поёт как чувствует — легко и свободно, не ограничивая себя штампами и стереотипами, тогда народная песня и является живым и подлинным искусством.
Ж. Б.

Города-партнёры

A **1 Это вы уже можете!**

Können Sie die Lücken mit Personalpronomen auffüllen? Doch, das schaffen Sie!

Госпожа Кремер не была в своём курсе русского языка, _____ была дома.

У _____ высокая температура. К _____ пришла _____ сокурсница,

госпожа Мюллер. _____ принесла _____ домашнее задание и рассказала о

том, что Татьяна Смирнова объясняла _____ . Госпожа Кремер разговаривает

с _____ о курсе русского языка. Госпожа Мюллер рассказывает: «Татьяна

Смирнова спрашивала о _____ !»

2 Слова

Finden Sie ein Personalpronomen, das mit dem jeweiligen Buchstaben beginnt? Falls es keines gibt, tragen Sie einfach ein beliebiges Wort ein, das Sie mit diesem Anfangsbuchstaben kennen.

О	он
Б	бабушка
М	меня
Е	ему
Н	нам

В	
И	
Н	
О	

М	
Е	
Т	
Р	
О	

Н	
О	
В	
О	
С	
Т	
И	

3 Они или оно?

a) In jeder Gruppe gibt es ein Pronomen, das nicht dazu passt. Markieren Sie es.

1	2	3	4	5	6
она	мне	мне	мы	его	вами
ты	ему	ему	оно	им	ими
они	я	тебе	вы	нём	ей
я	мной	нами		он	
он				меня	

_____ _____ _____ _____ _____ _____

b) Zu welcher der Gruppen gehören die markierten Pronomen? Tragen Sie sie ein.

4 Найдите[1] слова!

Finden Sie die in dem Buchstabensalat versteckten Personalpronomen (mindestens zwölf)? Ordnen Sie sie den fünf Ausgangsformen rechts zu.

к	в	а	м	и	м	и	к	о	ы
т	а	р	а	м	н	х	е	ё	а
ы	с	з	с	н	е	с	й	л	в
ц	т	о	б	о	й	э	я	п	ы
й	н	п	е	й	т	е	б	я	ё
ч	и	к	м	е	н	я	д	у	ю

1. я   4. вы

2. ты

3. она   5. они

[1]finden Sie/findet

5 Стихотворение

a) Прочитайте стихотворение Александра Блока. Lesen Sie das Gedicht mehrmals durch und versuchen Sie genau zu verstehen, worum es geht. Ergänzen Sie dann die Lücken mit den passenden Pronomen.

Твоё лицо мне так знакомо,

Как будто[1] _____ жила со _____ .

В гостях, на улице и дома,

_____ вижу тонкий[2] профиль _____ .

_____ шаги[3] звенят[4] за мною,

Куда _____ ни войду, ты там.

Не _____ ли лёгкою стопою[5]

За мною ходишь по ночам?

b) Geschafft? Hören Sie das Gedicht von der Kassette / CD und überprüfen Sie Ihre Version. Alles richtig? Здорово!

c) Das Gedicht hat keinen Titel. Haben Sie eine Idee für eine passende Überschrift? Bestimmt!

[1]als ob, als wenn [2]fein [3]Schritte [4]klingen [5]mit leichten Schritten (alt)

6 Чернобыль

a) Hören Sie die Informationen von der Kassette / CD und ergänzen Sie die Lücken.

Чернобыль стал для всего мира символом атомных катастроф. Когда
_____ апреля _____ года на атомной электростанции произошёл
взрыв, радиоактивное заражение охватило площадь в _____ тысяч
квадратных километров на территории Украины, Белорусии и России. Были
облучены около _____ млн. человек, в том числе более _____ млн. детей.
Только ‹ликвидаторов›, которые с помощью техники и обычной лопаты
убирали радиоактивный мусор и строили саркофаг, _____ тысяч.
Радиоактивное облако накрыло также и Западную Европу. Чернобыльская
трагедия – это не только технологическая катастрофа, но и большая
человеческая беда. В конце _____ года прекращает работу последний
атомный реактор ЧАЭС, но тысячи людей ещё долгие годы будут испытывать
на себе страшные последствия этой катастрофы.

b) Unterstreichen Sie alle Adjektive und die dazugehörigen Substantive, die im Plural stehen. (Wenn Sie die Details interessieren, lesen Sie den Text jetzt noch einmal mit Ihrem Wörterbuch.)

7 Ты – твой?

a) Bilden Sie Possessivpronomen.
Kein Problem, oder?

b) Und jetzt umgekehrt: Finden Sie die Ausgangsform?

я	_____	сын
ты	_____	дочь
он	_____	мечта
она	_____	стихи
мы	_____	дом
вы	_____	машина
они	_____	чувства

наша дача	_____
моя мама	_____
ваш подарок	_____
твой сын	_____
их вино	_____
его работа	_____
её подруга	_____

8 Моя семья

a) Владимир рассказывает о своей семье. Ergänzen Sie die fehlenden Pronomen.

Владимир

Вот _____ семья: _____ жену зовут Ирина.

_____ 30 лет. У _____ трое детей: Митя, Маша и

Танюшка. _____ маму зовут Екатерина Ивановна.

_____ 60 лет. _____ папу зовут Василий Петрович.

_____ 65 лет. _____ братьев зовут Егор и Андрей.

Егору 19 лет. Жену _____ брата Егора зовут Светлана.

У _____ уже есть маленький сын. _____ брату

Андрею 13 лет.

b) Wie könnte Wladimirs Bericht weitergehen?

_____

_____

_____

_____

_____

c) Berichten Sie jetzt auf einem separaten Blatt möglichst ausführlich über Ihre eigene Familie. Geben Sie Ihren Zettel in der nächsten Stunde ab. Die Blätter werden gemischt und jede Kursteilnehmerin/jeder Kursteilnehmer zieht einen (fremden) Bericht und stellt die Familie im Plenum vor (in der 3. Person Singular!). Wer erraten hat, von wessen Familie die Rede ist, macht weiter.

9 Личное дело!

a) Privatsache! Das geht wirklich niemanden etwas an. Finden Sie nicht auch?

У тебя есть муж?

Есть он у меня или нет – это моё личное дело.

(ты)   муж?
(она)   дети?
(он)   жена?
(они)   долги?
(ты)   деньги?
(вы)   аппетит?
(ты)   дача?
(он)   семья?
(они)   счёт[1] в банке?
(вы)   домработница[2]?
(ты)   любовник / любовница[3]?

b) Wie wäre es mit ein paar weiteren indiskreten Fragen? Sie haben bestimmt selbst noch bessere Ideen.

вилла на Канарах	самолёт
дом в Беверли-Хиллз	лимузин
счёт в Швейцарском банке	яхта

- У   есть дети?
- Есть

[1]*Konto* [2]*Haushälterin* [3]*Geliebter/Geliebte*

10 Свой или её?

Ob Anja ihren eigenen oder Lenas Mann liebt, macht einen kleinen, aber nicht unwesentlichen Unterschied! Schreiben Sie alle Sätze auf, in denen Sie das Possessivpronomen durch den Namen einer anderen Person ersetzen können.

Аня любит своего мужа.	Аня любит её мужа.	Аня любит мужа Лены.

Андрей делает его работу.

        Они живут в своём доме.

Саша делает свою работу.

        Инна платит свои долги.

Он целует свою жену.

        Таня платит её долги.

Он целует его жену.

Света любит своего мужа.

        Он ремонтирует[1] свою машину.

Нина считает её деньги.

        Он ремонтирует его машину.

Они живут в их доме.

        Лена считает свои деньги.

Они живут в своих доме.

_____

_____

_____

_____

_____

_____

_____

[1]*reparieren*

11 Вопросы[1]

Ergänzen Sie die Possessivpronomen.

1. В _____ (твой) комнате есть телефон? 2. В _____ (ваш) городе есть вокзал? 3. В _____ (их) доме есть лифт? 4. В _____ (наш) библиотеке есть эта книга? 5. Разве она учится на _____ (вы) курсе? 6. Разве они тоже члены _____ (мы) партнёрского клуба? 7. Разве это _____ (они) машина? 8. Разве Лена _____ (он) подруга? 9. Разве он _____ (ты) друг? 10. Разве Горшковы _____ (она) знакомые? 11. Разве это _____ (вы) билет? 12. Разве это _____ (ты) письмо? 13. Она дружит с _____ (твой) братом? 14. Он знает _____ (ваш) сестру? 15. Она учила _____ (твой) дочь?

[1]*Fragen*

Б **12** **Вопросы**[1] **и ответы**[2]

Beantworten Sie die Fragen?

1. С кем она дружит? (мой брат) _____

2. Кого она знает? (ваша сестра) _____

3. Кого она учила в школе? (мой сын) _____

4. О ком он всё время думает? (наш сын) _____

5. О ком она всё время говорит? (мой друг) _____

6. Кому они написали письмо? (твой шеф) _____

7. Кого вы пригласили в театр? (наша бабушка) _____

8. Кому он дарит цветы? (моя подруга) _____

9. Кого она фотографирует? (мой муж) _____

10. С кем разговаривает наша учительница? (моя мама) _____

_____

[1]*Fragen* [2]*Antworten*

13 **Разговор**

a) Lesen Sie das Gespräch und ergänzen Sie zunächst nur die fehlenden Personalpronomen.

– Света, ну когда я _____ снова увижу?

– _____

– Света, почему никогда? Ты же знаешь, что я люблю только _____ !

– _____

– Какую Лену? Да не любил я _____ совсем. Ну просто встречался с _____ иногда и всё!

– _____

– Света! Какое кино, какой театр? В кино я ходил только с _____ ! Я всё время думаю только о _____ ! Давай, я сейчас приеду к _____ и мы обо всём поговорим. Я _____ всё объясню!

– _____

– Как это больше не встречаемся? Но почему!?

– _____

b) Wie war wohl Swetas Reaktion? Ergänzen Sie jetzt ihre Antworten.

14 Интересы

Что их интересует? Schreiben Sie.

---

15 Как правильно?

Sie finden bestimmt heraus, welche Sätze zusammenpassen. Verbinden Sie.

1. Мы его уже давно не видели.
2. Светлана работает в школе.
3. Это Виктор поговорил с тобой?
4. Они всегда читают так много?
5. А кто эта женщина?
6. Ему всего сорок лет.
7. Она не любит мороженое?
8. Не надо его защищать.
   Он тебе совсем не пара[1].
9. Как туристам понравился наш город?
10. Вы любите крепкий[2] кофе?
11. Ты в восторге от нового романа?
12. Какое хорошее сегодня утро.

а) Да, он.
б) Да, их интересует литература.
в) Да, он работает день и ночь.
г) Как, разве она учительница?
д) Просто ей врач не разрешает его есть.
е) Да, оно действительно доброе.
ж) А выглядит он на все пятьдесят.
з) Ты её не знаешь? Это же популярная журналистка.
и) Вчера они были в центре и в музее, но театр произвёл на них большое впечатление.
к) Нет, он совсем неинтересный.
л) Нет, он хороший.
м) Да, если он с сахаром[3].

[1]*er passt nicht zu dir, er ist dir nicht gewachsen* [2]*stark* [3]*Zucker*

16 Это вы знаете!

Verbinden Sie die Wendungen mit der gleichen Bedeutung.

сотрудничать

принять участие

существовать

кому это выгодно

есть

кому это надо

работать вместе

участвовать

17 Давайте дружить!

a) Die inhaltliche Aussage dieses kurzen Textes verstehen Sie bestimmt. Ergänzen Sie die Lücken.

Во многих городах России и Германии _____ партнёрские клубы.

_____ этих клубов интересует не только русская и немецкая

культура. Они хотят лучше узнать и _____ друг друга. В этом

помогают _____ . Такие поездки производят глубокое

_____ , а совместные _____ помогают

подружиться. Настоящая дружба _____ русскими и немцами –

вот что важно!

b) Schwierig? Dann bilden Sie aus den folgenden Silben Wörter und versuchen Sie es jetzt.

чле	су	по	ме	впе	ции	шест	ду	чат	нов
нять	об	ву	ле	ют	ак	меж	ние	ны	

c) Ordnen Sie die gefundenen Wörter den drei Gruppen zu.

_____

_____

_____

_____

_____

_____

Substantive
_____
_____
_____

Verben
_____
_____
Präposition

18 Кроссворд

Finden Sie zu jedem Substantiv ein passendes Adjektiv? Bestimmt! Tragen Sie es ein.

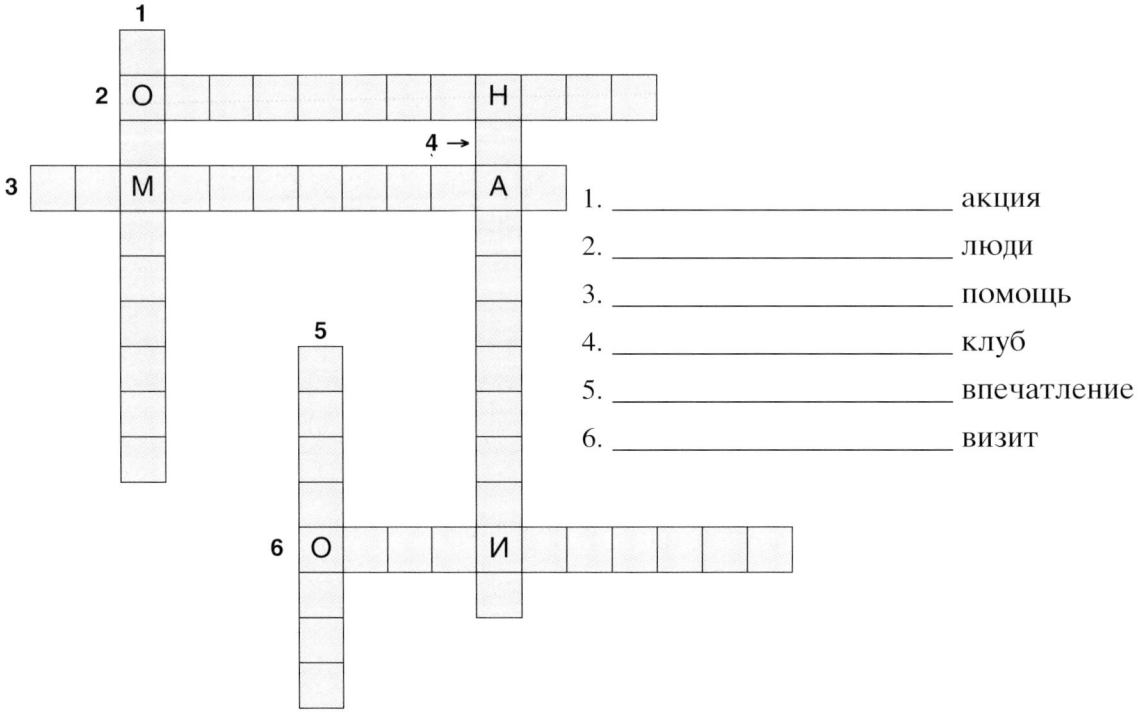

1. _____ акция
2. _____ люди
3. _____ помощь
4. _____ клуб
5. _____ впечатление
6. _____ визит

B 19 Практика Нины

Formulieren Sie die Sätze um. Verwenden Sie das Personalpronomen она im richtigen Fall.

1. Нине повезло, что она приняла участие в обмене.

Ей повезло, что она приняла... _____

2. Сначала у Нины были проблемы. _____

3. Нина скучала по дому. _____

4. Потом Нина привыкла. _____

5. Особенно Нине понравились гостеприимные люди.

_____

6. Большое впечатление на Нину произвела сберкасса.

_____

7. Для Нины это была хорошая практика. _____

8. Город Нине тоже понравился. _____

9. С Ниной все дружили. _____

20 Напишите!

Finden Sie alle Imperative? Schreiben Sie sie auf.

другой	стой	сиди	среди
люди	дари	икра	играй
попробуй	отличный	выше	пиши

_____
_____
_____
_____
_____
_____

21 Три группы

Sortieren Sie diese Verben in drei Gruppen und bilden Sie jeweils die beiden Imperativformen.

готовить   говорить   слушать   дарить   мечтать
ответить   делать   смотреть   верить

22 Пожалуйста!

Wie der Imperativ gebildet wird, wissen Sie. Dann können Sie bestimmt auch diese Aufforderungen ergänzen, oder?

1. Вот наш адрес. _____ , пожалуйста!
2. Это мой номер телефона. _____ мне, пожалуйста!
3. Это очень интересная книга. _____ её!
4. У меня в субботу день рождения[1]. _____ !
5. Она тебя спрашивает! _____ ей!
6. У нас в городе ещё нет партнёрского клуба? _____ его!
7. Ты знаешь, кто это? _____ мне!
8. У нас очень вкусные пельмени. _____ !
9. У вас есть билеты на этот спектакль? _____ мне два билета, пожалуйста!
10. Мама, _____ , какая красивая лошадка! _____ мне её!
11. Ты же любишь его! _____ ему это!

[1]Geburtstag

23 Что они говорят?

Füllen Sie die Sprechblasen aus.

24 Что вы скажете?

Hören Sie die Situationen von der Kassette / CD. Wie würden Sie reagieren? Vergessen Sie nicht пожалуйста zu ergänzen, wenn Sie eine Bitte äußern!

1. _____

2. _____

3. _____

4. _____

5. _____

6. _____

25 Российские ‹филиалы› Charité

МОSKAUER DEUTSCHE ZEITUNG №12 (34) ИЮЛЬ 2000 Цена свободная

Московская Немецкая Газета

НЕЗАВИСИМАЯ ГАЗЕТА О ПОЛИТИКЕ, ЭКОНОМИКЕ И КУЛЬТУРЕ • ОСНОВАНА В 1870 ГОДУ

‹Московско-Берлинский протокол›
– такое название получила
концепция сотрудничества между
детской клиникой всемирно
5 известного медицинского комплекса
Charité в Берлине и Московской
республиканской детской больницей
о координации усилий в лечении
лейкемии. Контакты в этой области
10 начались десять лет назад.
С учётом нехватки мест, а также
высокой стоимости лечения в
Германии берлинские врачи решили
установить долгосрочное парт-
15 нёрство с российскими коллегами.

Сотрудничество медиков двух
столиц принесло конкретные
результаты. Главный из них состоит
в том, что, если в Германии возмож-
ность выздоровления детей с 20
заболеваниями крови составляет
восемьдесят процентов, в России
этот показатель сегодня достиг
семидесяти процентов. В рамках
сотрудничества к совместному 25
медицинскому проекту присоеди-
нилось ещё одиннадцать российских
детских клиник, в том числе в
Екатеринбурге, Новосибирске и
Новокузнецке. 30

Haben Sie das Wichtigste verstanden? Bestimmt! Kreuzen Sie die zutreffenden Antworten an.

1. ‹Московско-Берлинский протокол› –
   концепция сотрудничества между

   ☐ а) бизнесменами.
   ☐ б) политиками.
   ☐ в) детскими врачами.

2. Цель этого сотрудничества –
   помощь

   ☐ а) детям, больным[1] лейкемией.
   ☐ б) детям, больным гриппом.
   ☐ в) пожилым[2] людям.

3. Сотрудничество началось

   ☐ а) пять лет назад.
   ☐ б) десять лет назад.
   ☐ в) в 2000 году.

4. Сотрудничество врачей очень
   успешно, потому что

   ☐ а) стоимость[3] лечения[4] высокая.
   ☐ б) в России выздоравливает[5] 70%
        больных детей.
   ☐ в) в России выздоравливает 80%
        больных детей.

5. Участников совместного проекта

   ☐ а) становится больше.
   ☐ б) не становится больше.
   ☐ в) всего два.

6. В совместном проекте принимают
   участие клиники

   ☐ а) Москвы и Берлина.
   ☐ б) Берлина и Новосибирска
   ☐ в) Берлина и 11 российских городов.

[1]erkrankt (an) [2]bejahrt, älter [3]Preis, Wert [4]Behandlung [5]gesund werden, genesen

26   Московские окна   *Слова:* М. Матусовский / *Музыка:* Т. Хренников

Jetzt hat schon wieder ein Lied Lücken! Finden Sie die fehlenden Pronomen? Bestimmt! Überprüfen Sie Ihre Lösungen mit der Kassette/CD.

Вот опять небес темнее高высь,	Wieder ist die Himmelshöhe dunkel geworden,
Вот и окна в сумраке зажглись.	Wieder sind die Fenster in der Dämmerung hell geworden.
Здесь живут _____ друзья.	Hier leben meine Freunde.
И, дыханье затая,	Und, den Atem verhaltend,
В ночные окна вглядываюсь я.	Schaue ich in die nächtlichen Fenster.
Он _____ дорог с давних лет,	Es ist mir seit längst vergangenen Jahren teuer,
И _____ яснее нет –	Und es gibt nichts Klareres – als das Licht der Moskauer
Московских окон негасимый свет.	Fenster, das niemand zum Verlöschen bringen kann.

Я могу под окнами мечтать.	Ich kann unter den Fenstern träumen.
Я могу, как книги, _____ читать.	Ich kann sie, gleichsam wie Bücher, lesen.
И заветный свет храня,	Und, das vertraute Licht bewahrend,
И лаская, и маня,	Sowohl beunruhigend als auch lockend,
Они, как люди, смотрят на _____ .	Sehen sie mich an wie Menschen.

Я, как в годы прежние, опять	Und wie in früheren Jahren bin ich wieder
Под окном _____ готов стоять.	Bereit, bei dir unter dem Fenster zu stehen.
И на свет его лучей	Und zum Licht seiner Strahlen
Я спешу всегда быстрей,	Beeile ich mich, möglichst schnell hin zu gelangen
Как на свиданье с юностью _____ .	Wie zu einem Wiedersehen mit meiner Jugend.

Я любуюсь _____ по ночам,	Es ist schön, nachts mit euch zusammen zu sein,
Я желаю, окна, счастья вам …	Ich wünsche euch Glück, ihr Fenster …
Он _____ дорог с давних лет,	Es ist mir seit längst vergangenen Jahren teuer,
И _____ яснее нет –	Und es gibt nichts Klareres – als das Licht der Moskauer
Московских окон негасимый свет.	Fenster, das niemand zum Verlöschen bringen kann.

Я рада, что мы познакомились!

A

1 Пессимист и оптимист

Прочитайте что говорит пессимист. Как вы думаете, что скажет оптимист? Напишите!

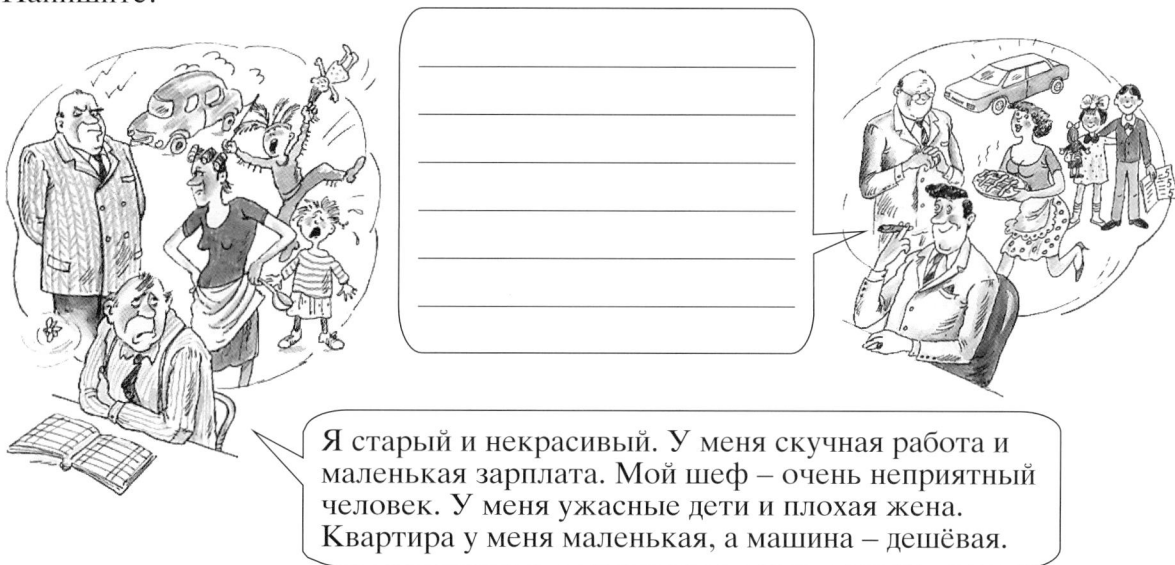

Я старый и некрасивый. У меня скучная работа и маленькая зарплата. Мой шеф – очень неприятный человек. У меня ужасные дети и плохая жена. Квартира у меня маленькая, а машина – дешёвая.

2 Больше и лучше?

Wie lauten die Komparative? Es gibt sieben Paare unter diesen Adjektiven. Verbinden Sie die Partner.

_____	большой	трудный	_____
_____	красивый	длинный	_____
_____	искренний	симпатичный	_____
_____	удобный	важный	_____
_____	приятный	маленький	_____
_____	ранний	поздний	_____
_____	ужасный	молодой	_____
_____	плохой	высокий	_____
_____	короткий	низкий	_____
_____	старый	тихий	_____
_____	дешёвый	хороший	_____
_____	громкий	дорогой	_____

3 А дальше?

Verwenden Sie Komparative.

1. Это машина дорогая, а та ещё _____ .

2. Эта дорога плохая, а та ещё _____ .

3. Это маленький мальчик, а тот ещё _____ .

4. Это хороший врач, а тот ещё _____ .

5. Это высокий дом, а тот ещё _____ .

6. Это дорогой бутик, а тот ещё _____ .

7. Это громкая музыка, а та ещё _____ .

8. Это приятное вино, а то ещё _____ .

9. Это удобный диван, а тот ещё _____ .

10. Это уютное кафе, а то ещё _____ .

11. Это дешёвые места, а те ещё _____ .

12. Это высокий пост[1], а тот ещё _____ .

[1]*Posten, Amt*

4 Нравится, но …

Auch hier fehlen die Adjektive im Komparativ. Sie finden selbst heraus, welche passen, oder?

1. Эта картина мне тоже нравится, но та нравится _____ .

2. Этот роман, конечно, неплохой, но тот _____ .

3. Это тоже неплохое мороженое, но то _____ .

4. Вот неплохой подарок, но книга всё-таки _____ .

5. Ирина тоже моя подруга, но Наташа мне всё-таки _____ .

6. Тебя, Вера, я тоже люблю, но Марину люблю _____ .

7. Это прекрасные розы, но лесные[1] цветы всё-таки _____ .

8. Он встал в семь часов утра, но бабушка проснулась ещё _____ .

9. Ты звонил вчера в десять вечера, а она позвонила ещё _____ .

10. У неё небольшая квартира, но моя ещё _____ .

11. Это непростое задание, но вчерашнее[2] задание было ещё _____ .

12. У тебя всегда дела, но мои дела сейчас _____ .

[1]*Wald-* [2]*gestrig*

5   Да, но …

Beantworten Sie die Fragen. Sagen Sie Ihre Meinung.

1. Вы верите в гороскопы? (в себя)

Да, но в себя я верю больше. / Нет, в себя я верю больше.

2. Вам нравится музыка Чайковского?

Да, но музыка нравится

3. Алла Пугачёва хорошо поёт?

4. В русском языке трудное произношение[1]?

5. Вы рано[2] встаёте?

6. На вашем курсе много мужчин?

7. Вам нравится джаз?

8. Компьютер дорого стоит?

9. Берлин – красивый город?

[1]Aussprache [2]früh

6   Вы согласны?

Verwenden Sie jetzt den Komparativ mit более.

1. Журнал ‹Огонёк› интереснее других.

Да, он более интересный.

2. Ванильное мороженое вкуснее других.

3. Книга – подарок лучше, чем конфеты.

4. Наш курс дружнее других.

5. Ресторан ‹Центральный› уютнее других.

_____

6. Красная площадь красивее других.

_____

7. М. С. Горбачёв популярнее других русских политиков.

_____

8. В Москве цены выше, чем в других городах.

_____

9. Москва дороже других российских городов.

_____

10. Город Елец на один год старше Москвы.

_____

11. Большой театр популярнее других.

_____

7   Письмо

a) Vervollständigen Sie Marinas Abschiedsbrief.

симпатичный	хороший	высокий	близкий
	интересный		большой (2x)

Здравствуй, Сергей!

Ты мне больше не нравишься. Мне теперь нравится Пётр. У него _____ характер, чем у тебя. Он _____ и _____, чем ты. У него _____ зарплата и квартира. А ещё он живёт _____ к центру города. И вообще мне с ним _____ и у него _____ времени для меня, потому что у него нет компьютера.

До свидания.
Марина

b) **Что бы вы написали Марине на месте Сергея?** Schreiben Sie den Antwortbrief auf ein separates Blatt Papier.

8 Вы это знали?

Vergleichen Sie. (Wenn der Platz nicht reicht, schreiben Sie auf einem Blatt Papier weiter.)

Азия больше Европы, а Америка – самая большая.		Азия меньше Америки, а Европа – самая маленькая.

материки	Америка 42,6 млн.кв.км.	Азия 41,8	Европа 11,6
океаны	Тихий 179,7 млн.кв.км.	Атлантический 93,4	Индийский 74,9
реки	Рейн 1360 км.	Волга 3690	Миссисипи 6800
озёра	Виктория 68 тыс.кв.км.	Байкал 30,5	Боденское озеро 538
горы	Эверест 8882 м.	Пик Ленина 7134	Цугшпитце 2962
планеты	Венера 40 млн.км. (от Земли)	Марс 55	Плутон 5 800

_____

_____

_____

_____

_____

_____

9 Россия и Германия

Die beiden Länder verbinden partnerschaftliche Beziehungen. Wie lange schon? Das erfahren Sie, wenn Sie die Lücken ergänzen und den vollständigen Text sorgfältig lesen. Fügen Sie zunächst aber Россия und Германия im entsprechenden Fall ein.

Деловые[1] отношения _____ и _____ начались

не вчера. Ещё в XIII веке[2] _____ торговала с _____ .

Царица[3] Екатерина II в своём манифесте приглашала иностранцев, в том числе и

из _____ , в _____ . Отношения между _____ и

_____ не всегда были простыми, но и сегодня _____

остаётся главным[4] партнёром _____ . Сотрудничество _____

и _____ развивается[5] дальше в самых разных сферах жизни. Канцлер

_____ во время своего официального визита в _____

заявил[6] о начале нового этапа в отношениях между двумя странами.

[1]_Handels-_ [2]_Jahrhundert_ [3]_Zarin_ [4]_wesentlich_ [5]_sich entwickeln_ [6]_eine Erklärung abgeben_

10 Самое – самое

Schreiben Sie über Ihre Vorlieben: Was (oder wen) finden Sie am schönsten, interessantesten, schwersten, besten, schmackhaftesten, langweiligsten?

_____

_____

_____

_____

_____

Б 11 Летний отдых

Sagen Sie es mit einem Adjektiv. Kein Problem, oder?

1. отдых летом   _летний отдых_ _____

2. фирмы в России   _____

3. кризис финансов   _____

4. вечер осенью   _____

5. метро в Москве   _____

6. ситуация в экономике   _____

7. квартира из двух комнат   _____

8. отношения партнёров   _____

12 Слова

Welche Wörter gehören zu einer Wortfamilie? Schreiben Sie sie zusammen.

проговорить	приходить
входить	знакомый
звонок	вход
познакомиться	разговаривать
знакомство	позвонить
подходить	говорить

1. _____

2. _____

3. _____

4. _____

13 Было бы здорово, если бы …

Wovon träumen Sie? Was wünschen Sie sich?

не кричать на детей	быть как Клаудия Шиффер / Арнольд Шварценеггер
понимать друг друга	хорошо рисовать / петь / танцевать / готовить / …
посмотреть весь мир	получить Нобелевскую премию / ‹Оскара›
хорошо говорить по-…	нравиться всем мужчинам / женщинам
хорошо играть в … / на …	быть миллионером / миллионершей
быть высоким / богатым[1] / …	быть программистом / актрисой /
жить в Америке / России / …	актёром / дедушкой / бабушкой

_____

_____

_____

_____

_____

_____

_____

_____

[1]*reich*

14 Было бы хорошо …

Was raten Sie in diesen Situationen?

1. Ваш сын мало[1] гуляет.

Было бы хорошо, если бы он больше гулял.

2. Ваша дочь мало читает.

_____

3. Ваша подруга мало зарабатывает.

_____

4. Ваш друг мало смеётся.

_____

5. Ваша подруга мало целуется.

_____

[1]*wenig*

6. Ваш знакомый мало интересуется компьютером.

_____

7. Ваша знакомая мало интересуется театром.

_____

8. Ваш друг мало готовит.

_____

9. Ваш муж мало бывает дома.

_____

10. Ваша жена мало отдыхает.

_____

15 Да и нет   Wie heißt das Gegenteil? Schreiben Sie es auf.

включать	_____	встречать	_____
брать	_____	вспоминать	_____
продавать	_____	говорить	_____
спрашивать	_____	занят	_____
можно	_____	хуже	_____

16   Найдите слово!

Finden Sie zu jeder Gruppe den passenden Oberbegriff? Bestimmt!

1	**2**	**3**	**4**
Москва С.-Петербург Владимир	Волга Ока Енисей	понедельник вторник среда	зима весна лето

5	**6**	**7**	**8**
Новый год 8 Марта пасха[1]	сок пиво вино	дзюдоисты велосипедисты футболисты	автобус такси метро

[1]*Ostern*

B

17 Каникулы[1] в Лейпциге

a) Schaffen Sie es, den Leserbrief in die richtige Reihenfolge zu bringen? Kein Problem, oder?

○ За время поездки я подружилась с Мадиной.

○ Он, как и Москва, был основан[2] в XII веке[3].

○ Очень понравился мне и Мадине лейпцигский зоопарк.

○ Это была отличная поездка!

○ Большое спасибо Герхарду Мазуху, который организовал для нас эту чудесную[4] поездку!

○ Сначала Берлин, красивый аэропорт, потом поездка в Лейпциг.

○ Ещё мы ездили в город Страсбург во Франции.

(1) Меня зовут Вера.

○ Вера Соколова, Москва

○ В ноябре меня и чеченскую девочку Мадину пригласил в Германию наш немецкий друг Герхард Мазух.

○ После поездки я решила больше заниматься немецким языком.

○ Это очень красивый город.

b) Lesen Sie den Brief jetzt laut und beantworten Sie die Fragen möglichst ausführlich.

1. Как Вера попала[5] в Германию?

_____

2. Что она увидела в поездке?

_____

3. Что произвело на Веру большое впечатление?

_____

4. Что Вера будет делать после поездки?

_____

[1]*Ferien* [2]*gegründet* [3]*Jahrhundert* [4]*wundervoll* [5]*gelangen*

c) Wählen Sie eine der beiden Aufgabenstellungen und schreiben Sie den Brief oder das Telegramm auf ein Blatt Papier.

Вы – Герхард Мазух.
Напишите письмо Вере.
Schreiben Sie,
– wie froh Sie darüber sind, dass ihr die Reise so gut gefallen hat,
– dass Sie ihren Wunsch unterstützen, besser Deutsch zu lernen,
– dass Sie gerne im Sommer nach Moskau kommen würden, weil Sie sich sehr für Russland interessieren,
– dass Sie sich darauf freuen, sie dann wiederzusehen.

Вы – Вера Соколова.
Вы ещё в Германии.
Sie schicken ein Telegramm an Ihre Mutter in Russland und schreiben,
– dass es Ihnen in Deutschland gut gefällt,
– dass Sie schon jede Menge gesehen haben (im Einzelnen: …),
– dass Ihnen … besonders gut gefallen hat,
– dass Sie hoffen, später einmal noch andere deutsche Städte kennen zu lernen.

18   Страноведческий тест

а) Напишите, если знаете.

1. Какие блюда русской кухни вы знаете?

_____

2. Что вы хотели бы посмотреть в Москве?

_____

3. Каких русских писателей вы знаете?

_____

4. Какие даты в истории России вы считаете важными?

_____

5. Каких знаменитых людей России вы знаете?

_____

6. Какие автомашины делают в России?

_____

7. Какие русские города вы знаете?

_____

b) Это вы тоже знаете, правда?

1. Кто такой Юрий Гагарин?

☐ а) политик
☐ б) космонавт
☐ в) писатель

2. Кто такая Марина Цветаева?

☐ а) политик
☐ б) певица
☐ в) поэтесса

3. Кто такой Фёдор Шаляпин?

☐ а) певец
☐ б) химик
☐ в) актёр

4. Что такое Эрмитаж?

☐ а) музей в Санкт-Петербурге
☐ б) театр в Санкт-Петербурге
☐ в) музей в Москве

5. Что такое Третьяковская галерея?

☐ а) ресторан
☐ б) музей картин и икон
☐ в) бутик

6. Что такое ГУМ?

☐ а) торговый комплекс
☐ б) институт
☐ в) музей

7. Самый большой город в России?

☐ а) Санкт-Петербург
☐ б) Новосибирск
☐ в) Москва

8. Самая длинная[1] река в Европе?

☐ а) Волга
☐ б) Дон
☐ в) Лена

9. Кто такой А. С. Пушкин?

☐ а) политик
☐ б) поэт
☐ в) сатирик

10. Центр Москвы – это …

☐ а) Эрмитаж.
☐ б) Красная площадь.
☐ в) Дворцовая[2] площадь.

11. Что такое МГУ?

☐ а) университет
☐ б) магазин
☐ в) театр

12. Белые ночи бывают в …

☐ а) Москве.
☐ б) Липецке.
☐ в) Санкт-Петербурге.

[1]lang [2]Schloss-

   *Слова и музыка:* Алла Пугачёва

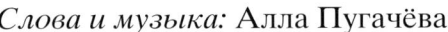

Ein wirklich wunderschönes Lied von Алла Пугачёва. Hören Sie zum Abschluss von **Ключи 1** noch einmal die Kassette / CD.

Ледяной горою айсберг Из тумана вырастает, И несёт его теченье По бескрайним, по морям. Хорошо тому, кто знает, Как опасен в океане Как опасен в океане Айсберг встречным кораблям.	Wie ein eisiger Berg wächst der Eisberg aus dem Nebel heraus, Und es trägt ihn die Strömung Über die endlosen, die Meere. Wohl dem, der weiß, Wie gefährlich auf dem Ozean Wie gefährlich auf dem Ozean ein Eisberg für entgegen kommende Schiffe ist.
Припев А я про всё на свете С тобою забываю, И я в любовь, как в море. Бросаюсь головой. А ты такой холодный, Как айсберг в океане И все твои печали Под чёрною водой.	Refrain Doch ich vergesse alles auf der Welt, wenn ich bei dir bin, Ich stürze mich in die Liebe wie in ein Meer, mit dem Kopf voraus. Doch du bist so kalt, Wie ein Eisberg im Ozean Und alle deine Traurigkeiten sind Unter schwarzem Wasser.
Кто ты? Горе или радость? То замёрзнешь, то растаешь. Кто ты? Ласковое солнце Или мёртвый, белый снег? Я понять тебя пытаюсь, Кто же ты на самом деле, Кто же ты на самом деле,	Wer bist du? Leid oder Freude? Entweder erfrierst du, oder du taust. Wer bist du? Liebkosende Sonne Oder toter, weißer Schnee? Ich versuche, dich zu verstehen, Wer bist du in Wirklichkeit, Wer bist du in Wirklichkeit,
Айсберг или человек?	Ein Eisberg oder ein Mensch?
Припев	Refrain
Ты уйди с моей дороги Или стань моей судьбою, Протяни навстречу руки И поверить помоги, Что любовь моя сумеет Примирить меня с тобою, И растает этот айсберг, Это сердце без любви.	Geh aus meiner Lebensbahn Oder werde mein Schicksal, Streck mir die Hände entgegen Und hilf mir zu glauben, Dass meine Liebe es vermag, Dich mit mir auszusöhnen, Und dieser Eisberg wird tauen, Dies Herz ohne Liebe.
Припев	Refrain

Schlüssel zu den Übungen

Урок 1

2 Инна и Нина
b) 1. Инна 2. Юлия 3. Валя 4. Миша
5. Оля 6. Нина 7. Поля 8. Дима

Текст
Инна / Юлия / Валя / Миша / Оля /
Нина / Поля / Дима

3 Я думаю
c) Что вы делаете? / Я думаю. / О чём
вы думаете? / Я думаю о Москве. /
О Москве? А, понимаю.

4 Что вы делаете?
Я думаю. / Да, я думаю. / Я думаю
о Москве.

5 Я – ты – …
думаю, думаешь, думает, думаем,
думаете, думают / делаю, делаешь,
делает, делаем, делаете, делают /
понимаю, понимаешь, понимает,
понимаем, понимаете, понимают

7 А они говорят по-русски?
a) 3 / 1 / 2 b) 2. / 3.

Текст
1. Господин Мюллер – немец.
Он журналист. Он пишет о политике.
Он говорит по-английски, по-
французски и по-русски. Он живёт
и работает в Москве.
2. Катя говорит и по-русски, и
по-немецки. Она русская немка.
Она студентка и изучает психологию в
университете. Она живёт в Берлине.
3. Юра живёт в Москве. Он
программист и хорошо говорит
по-английски.

8 Вы понимаете по-русски?
делаете? / думаем. / говорите по-
русски? / говорим по-русски и по-
немецки. / понимаете, о чём мы
говорим? / понимаем.

9 Она русская?
Да, она русская. / Нет, она не студентка, она доцент. / Нет, господин Райман
не русский. / Нет, он не студент, он
тоже доцент. / Нет, он не говорит по-
русски. / Госпожа Смирнова говорит
по-русски. / Да, она тоже понимает по-
немецки. / Я тоже понимаю по-немецки.

11 Я или вы?
ты, вы, он (она), я, мы, они / я, ты, он
(она), вы, он (она), мы

12 А вы знаете?
Вы знаете, что Наташа играет на
компьютере? / Да, знаю. / А разве это
интересно? / Нет, я думаю, что это
очень скучно.
Игорь играет на балалайке. / А это
интересно? / Я думаю, что это очень
интересно. / Я тоже так думаю.
А вы знаете, что Света играет в
футбол? / Знаю. А разве это
интересно? / Я думаю, что это здорово!
(Я думаю, что это скучно.) / Я тоже
так думаю.

13 Разве это интересно?
знаете, где госпожа / знаю. Она / она,
делает? / Я, она слушает / Разве это /
Вы, что это неинтересно? / тоже так
думаю. / парке, играет / думаю, это /
тоже, думаю.

14 Кроссворд
понимать / говорить / думать / слушать /
знать / делать / играть

л	г	т	р	е	ф	б	а	с	л
п	о	н	и	м	а	т	ь	с	к
ё	в	д	м	и	в	н	й	л	р
й	о	у	д	д	г	б	к	у	у
у	р	м	ё	е	л	р	ч	ш	и
ю	и	а	ю	я	л	ц	а	а	й
я	т	т	с	м	ь	а	е	т	ч
э	ь	ь	т	з	н	а	т	ь	ь
е	и	у	г	к	ц	с	д	ь	р

15 Что они делают?
Он говорит. Они слушают. / Он думает.

16 Вот это интересно!
Госпожа Смирнова русская. Она говорит и понимает по-русски и по-немецки. Она доцент. Господин Райман немец. Он говорит по-немецки. Он не говорит по-русски. Мы говорим и понимаем по-русски. Мы играем и слушаем музыку. Я думаю, что это очень интересно!

Урок 2

3 Загадка
немец / привет / фамилия /студентка / профессия / госпожа / архитектор / русская / объяснение / господин / информация / борщ

4 Кто они по профессии?
1. г-жа Кюне – тренер 2. г-н Смит – журналист 3. г-жа Заславская – фотограф 4. г-н Бижу – музыкант 5. г-н Долежал – дирижёр 6. г-жа Ковальска – архитектор 7. г-н Хофман – программист 8. г-жа Антонелли – инженер 9. г-жа Хименес – бухгалтер 10. г-н Ванг – химик

5 Здравствуйте!
1. Здравствуйте! / Меня зовут Людмила Брускова. / А меня зовут Марк Горден. / Я журналист. / Я менеджер. / Менеджер. Как интересно!
2. Привет! / Меня зовут Бригитте Нойман. / А меня зовут Антонио Петрелли. / А кто ты по профессии? / Я студент. / А я программист.
3. Здравствуйте! / Здравствуйте! / Меня зовут ... А вас как зовут? / Меня зовут Вера Назарова. / Я по профессии ... . / А вы? / Я редактор.

6 Кто это?
oben: 5 / 4 / 1 / 2, unten: 8 / 3 / 6 / 7

Текст
1. Это русский поэт и писатель, создатель русского литературного языка, автор романа ‹Евгений Онегин›, поэмы ‹Бахчисарайский фонтан›, повести ‹Пиковая дама›, драмы ‹Борис Годунов›, многих сказок и стихов.
2. Это лётчик-космонавт. 12 апреля 1961 года он впервые в истории полетел в космос на космическом корабле ‹Восток›.
3. А это политик. Его знают и любят в Германии. Он был последним президентом Советского Союза.
4. Она известная русская певица, автор многих популярных песен, например ‹Арлекино›, ‹Айсберг› и другие.
5. Это русский писатель, автор романов ‹Война и мир›, ‹Анна Каренина›, ‹Воскресение›.
6. Это русская поэтесса. Она училась в Москве, Лозанне, Фрайбурге, изучала старофранцузскую литературу в Сорбонне. Она хорошо говорила по-немецки и её любимым поэтом был Гёте.
7. А это известный русский компози-

тор. Он автор опер ‹Евгений Онегин›, ‹Пиковая дама›, ‹Иоланта›, балетов ‹Лебединое озеро›, ‹Спящая красавица› и других.

8. Это знаменитая русская балерина, танцевала на сцене Мариинского театра, участвовала в ‹Русских сезонах› в Париже. Самая знаменитая партия – ‹Умирающий лебедь› на музыку Сен-Санса.

7 Что – кто – как?

2. Кто вы? 3. Кто это? 4. Как по-русски ‹Sandwich›? 5. Кто это? 6. Кто это? 7. Как по-немецки ‹рюкзак›? 8. Что это? 9. Кто вы по профессии? 10. Как вас зовут?

8 А где они живут?

a) 1. Госпожа Кюне живёт в Кёльне.
2. Господин Хофман живёт в Эрфурте.
3. Госпожа Хименес живёт в Мадриде.
4. Господин Ванг живёт в Пекине.
5. Госпожа Заславская живёт в Москве.
6. Господин Должал живёт в Праге.
7. Госпожа Ковальска живёт в Варшаве. 8. Господин Смит живёт в Лондоне. 9. Госпожа Антонелли живёт в Риме. 10. Господин Бижу живёт в Париже.

b) 1. Синг, где ты живёшь? / Я живу в Пекине. А ты, где ты живёшь? В Праге? / Нет, я живу в … / А, как интересно!
2. Госпожа Ковальска, где вы живёте? В Варшаве? / Да, я живу в Варшаве. / А вы, где вы живёте? / Я живу в … .

9 Кроссворд

Waagerecht: Таллин / Париж / Варшава / Стокгольм / Мадрид / Минск / Вена / Копенгаген / Киев / Берлин
Senkrecht: Вильнюс / София / Будапешт / Берн / Лондон / Прага / Рига / Рим / Москва / Амстердам
Feminina: Москва / Вена / Рига / Прага / Варшава / София

Maskulina: Берлин / Париж / Минск / Таллин / Амстердам / Копенгаген / Лондон / Мадрид / Вильнюс / Будапешт / Рим / Берн / Стокгольм / Киев

Ы	П	Ю	Б	Р	А	С	Ю	Е	Л	Ь	А	Ф	Э	Щ
С	П	Ё	У	Ф	Й	Г	Ё	Я	Ы	П	Ь	Ш	С	Ж
Э	Х	В	Д	К	С	Л	Ы	Е	Э	Ё	Ы	Ю	В	Д
Р	М	Т	А	Л	Л	И	Н	С	Р	Й	К	Н	Ц	Е
Д	С	Щ	П	Ш	А	П	А	Р	И	Ж	Ш	Ч	П	У
Ч	Т	Ж	Е	Ю	Я	Р	И	Л	Г	Р	Д	Л	Ф	Р
В	А	Р	Ш	А	В	А	Э	М	А	И	Ж	З	К	Х
И	С	С	Т	О	К	Г	О	Л	Ь	М	Ц	В	Ф	А
Л	О	Р	У	Щ	Б	А	Ь	О	Ч	А	С	Д	Б	М
Ь	Ф	Х	Ю	З	Я	Ё	Б	Н	Ш	Х	Э	Щ	Ю	С
Н	И	Ш	М	А	Д	Р	И	Д	Ц	Е	М	Ц	Ж	Т
Ю	Я	Ф	Ч	Г	Ь	Э	Е	О	С	Ю	О	Ы	Х	Е
С	М	П	Ю	Х	З	О	Ю	Н	Р	Ь	С	Т	Д	Р
А	Ж	Ё	Я	Е	Р	Т	М	И	Н	С	К	Г	Л	Д
Ш	Х	Ч	Б	Б	В	Д	С	Е	Ц	И	В	Е	Н	А
К	О	П	Е	Н	Г	А	Г	Е	Н	Л	А	К	Д	М
Э	Д	Ф	Р	Ч	Е	Х	Ц	Ж	Ё	К	И	Е	В	Ж
З	У	И	Н	К	Л	Б	Е	Р	Л	И	Н	Ш	Ч	Э

10 Это моя сестра

a) 1. Это моя сестра. 2. Это кассета моей сестры. 3. Я понимаю мою сестру. 4. Я говорю с моей сестрой. 5. Я думаю о моей сестре.
b) 1. Это моя подруга. 2. Это кассета моей подруги. 3. Я понимаю мою подругу. 4. Я говорю с моей подругой. 5. Я думаю о моей подруге.
c) 1. Это госпожа Шрёдер. 2. Это кассета госпожи Шрёдер. 3. Я понимаю госпожу Шрёдер. 4. Я говорю с госпожой Шрёдер. 5. Я думаю о госпоже Шрёдер.

11 Вот вопрос. А где ответ?

1. Нет, она живёт в Берлине. 2. Нет, это компьютер моей сокурсницы.

3. Нет, я слушаю музыку с моей подругой. 4. Нет, мы говорим о Москве.
5. Нет, моя сокурсница говорит по-русски.

12 Здравствуйте!
11 / 4 / 10 / 2 / 3 / 5 / 7 / 9 / 12 / 6 / 8 / 1

13 Какие газеты читают в России?
Семь дней / Здоровье / Время / Семь дней / Коммерсант / Спорт экспресс / Литературная газета / Коммерсант / Комсомольская правда, Время

14 Кто что делает?
6. Юлия читает ‹Правду›. / 1. Максим играет в парке в волейбол. / 5. Иван слушает музыку по радио. / 7. Юрий играет на флейте. / 4. Лена едет в гостиницу. / 3. Егор говорит с Машей по телефону. / 2. Тамара смотрит видеокассету.

15 Вера, Игорь, Верочка
a) Игорь / Андрей / Александр / Пётр / Михаил / Виталий / Николай / Сергей / Владимир / Иван
b) Леночка / Игорёк / Ваня / Олечка / Жанночка / Людочка /Димочка / Танечка / Катюша

16 Это Елена Егоровна
Нина Андреевна / Илья Петрович / Ирина Михайловна / Михаил Александрович / Максим Сергеевич

17 Что они делают?
Lösungsvorschlag: 2. Ты понимаешь подругу? 3. Он едет в гостиницу.
4. Она думает о Москве. 5. Мы говорим о музыке. 6. Вы спрашиваете сокурсницу? 7. Они отвечают сестре.

18 Визитная карточка
1. Это Фёдор Александрович Вестов. Он живёт в Саратове. По профессии он юрист.

2. Это Екатерина Константиновна Турчанинова. Она живёт в Москве. Она генеральный директор.
3. Это Лев Юрьевич Новоженов. Он тоже живёт в Москве. По профессии он редактор / журналист.

Урок 3

1 Слова
b) 1. Substantive: группа / гостиница / подруга / музыка / турист / газета / кока-кола
2. Verben: завтракать / идти / говорить / понимать / смотреть / читать
c) завтракает в гостинице / идут / смотрят / пьют / кока-колу / идут / понимают

2 А вы знаете?
a) утром / центр /газета / улица / метро / немец / посмотрим / гостиница / сегодня / площадь / вечером /наконец
b) 1. днём / метро / отвечают / театр
2. откуда / алло / они / идти / играют / ты 3. автобус / сестра / разве / едут / утром. 4. борщ / щи / интересно / она / наконец

3 Куда вы идёте?
идёшь / идёте / идём / идёшь / идёт / идут

4 Что мы делаем утром?
Утром мы пьём кофе, читаем газету и завтракаем. / Днём мы едем в центр, идём в кино и гуляем в парке. / Вечером мы идём в театр, в кино или в ресторан.

5 А что вы пьёте?
a) пьёшь / пьёт / пьём / пьёте / пьют
b) пьёт / пьют / пьём / пьёте / пьём / пью

6 А вы едете в Москву?
еду / едешь / едет / едут / едет / едем

7 Давайте посмотрим ‹Мастера и Маргариту›!
А / Г / Б,Г / В / В

8 Привет из Москвы
Lösungsvorschlag: … Утром мы едем в центр, смотрим Красную площадь и Кремль; днём мы идём в ГУМ, пьём кофе в кафе, а вечером мы идём в Большой театр и гуляем по Москве.

9 Кроссворд
один / два / три / четыре / пять / шесть / семь / восемь / девять / десять

о	ч	е	т	ы	р	е	п	а
к	д	р	д	в	а	с	я	к
й	е	о	б	о	ъ	г	т	ж
ш	в	д	е	с	я	т	ь	щ
и	я	и	ш	е	с	т	ь	в
р	т	н	ф	м	л	р	з	к
д	ь	ч	м	ь	р	и	к	э

10 Цифры
a) 1 / 11 / 7 / 10 / 5 / 12
b) А – 8 / Б – 2 / В – 4 / Г – 6 / Д – 9 / Е – 3

Текст
А: Всё, договорились, завтра идём в кино. Жду тебя в 8 у кинотеатра. / Договорились.
Б: У вас есть дети? / Да, двое. / Сын и дочь? / Нет, два сына – Никита и Артём.
В: И большая у вас квартира? / Да, у нас четыре комнаты.
Г: А где вы живёте? / Метро ‹Юго-Западная›. Это шесть остановок от кольцевой линии.
Д: Утром мы посмотрим центр Москвы, а вечером в девять часов мы идём в Большой театр на оперу Чайковского ‹Иоланта›.
Е: Там есть банкомат? / Нет, но вы можете проехать три остановки на автобусе. В гостинице ‹Россия› есть и обмен валюты и банкомат.

11 Математика
пять + три = восемь / восемь + четыре = двенадцать / шесть + один = семь / семь + три = десять / один + четыре = пять / четыре + два = шесть / шесть + пять = одиннадцать / два + семь = девять

12 Можно тебя пригласить?
Можно тебя пригласить в ресторан? / Можно вас пригласить в кино? / Можно вас пригласить в театр? / Можно вас пригласить в цирк? / Можно пригласить тебя в кафе?

13 Кто это? Что это?
кто: муж / сын / бабушка / мальчик / подруга / сестра / сокурсница / мужчина, что: театр / метро / газета / гостиница / станция / журнал / площадь

14 Кузнецовы
1. жена 2. сын 3. бабушка 4. сын
5. муж 6. дочь

15 Мой сын
1. Ты знаешь моего сына. 2. Я гуляю с моим сыном. 3. Она понимает моего сына. 4. Он приглашает моего сына. 5. Они играют с моим сыном. 6. Он слушает моего сына. 7. Они говорят о моём сыне. 8. Я читаю моему сыну.

16 Вопросы
1. Это мой сын. 2. Моего сына зовут … . 3. Я гуляю с моим сыном. 4. Я понимаю моего сына. 5. Мальчик играет с моим сыном. 6. Я читаю моему сыну. 7. Я говорю о моём сыне.

17 Вечером

Lösungsvorschlag: Я иду в театр. / Ольга идёт в кино. / Ирина и Павел идут на концерт. / Они идут в цирк? /Мы идём в ресторан или едем? / Вы едете на такси? / Ты идёшь в парк? / Михаил едет в бар.

18 А кто это?

господина / господин / мальчик / сын / господина / сына / сына / гитаре / флейте / музыку / жена господина / сокурсница / Дрездене / Москве / гостинице

19 А вы?

1. журнал. 2. чай с лимоном. 3. в театр. 4. концерт в парке. 5. в ресторан с сыном. 6. жене моего сына. 7. на автобусе в театр. 8. жену в цирк. 9. о подруге сына. 10. с сестрой о театре.

20 Знакомство

Lösungsvorschlag:

– Извините, вы туристы?
– Да. Мы живём в Москве.
– В Москве. Как интересно!
– А вы немец / немка?
– Да, я живу в Дрездене.
– Вы хорошо говорите по-русски.
– Правда? Спасибо. Меня зовут ... . А как вас зовут?
– Меня зовут Александр. Это моя жена Ирина и мой сын Миша.
– Очень приятно! А можно вас пригласить на ужин?
– Спасибо! А куда?
– Домой.
– С удовольствием! А когда?
– Завтра вечером, хорошо?
– Хорошо. А где вы живёте?
– В центре города. До завтра, в семь в вестибюле гостиницы.
– До свидания! До завтра!

21 Новая квартира

кухня / детская / ванная / туалет / гостиная / спальня

Текст

Это моя квартира: три комнаты и кухня. Кухня, правда, не очень большая. А это детская – комната моего сына и дочери. Там ванная и туалет. Это гостиная. Здесь мы слушаем музыку, смотрим телевизор, принимаем гостей. А это наша спальня.

22 Пожалуйста, за стол!

салат / рыба / ветчина / колбаса / икра / сок / вино / водка / шампанское

23 Что они делают?

1. храм Христа Спасителя. 2. Большой театр. 3. видеокассету. 4. Москва. 5. улицу. 6. моей сестры. 7. Моего мужа 8. моей, подругой 9. журнал, моему сыну

24 Это хорошая идея!

a) 1. г-жа Вандер – Тверская улица
2. г-н Кремер – Красная площадь
3. г-жа Мюллер – Третьяковская галерея 4. Татьяна Петровна – Университет имени Ломоносова 5. Удальцовы – улица Волгина
b) 1. Красная площадь – метро ‹Площадь Революции› 2. Третьяковская галерея – метро ‹Третьяковская› 3. Тверская улица – метро ‹Охотный ряд› 4. Университет имени Ломоносова – метро ‹Университет› 5. улица Волгина – метро ‹Калужская›

Текст

– Господин Кремер, что вы делаете сегодня?
– Я посмотрю Красную площадь.
– А вы, госпожа Вандер? Вы тоже идёте на Красную площадь?
– Нет, у меня другая идея. Я еду в центр Москвы на Тверскую. Это ведь центральная улица Москвы.
– Госпожа Мюллер тоже едет на Тверскую?
– Нет, я думаю, что Тверская – это неинтересно. А вот Третьяковская

галерея – это очень интересно, особенно иконы.

– Татьяна Петровна, а вы что делаете сегодня?

– Вы знаете, я ведь из Москвы. Вот интересно посмотреть, какой Университет сегодня.

– Ну, а вы, Михаил Борисович и Вера Валентиновна, у вас какие планы?

– Не планы, а хорошая идея. Можно вас сегодня пригласить к нам домой в гости?

– В гости? Спасибо, с удовольствием!

25 В метро

– Извините, а Третьяковская галерея – это где?

– Это станция метро ‹Третьяковская›. А вы турист?

– Да, я из ФРГ.

– Правда? А вы хорошо говорите по-русски.

– Спасибо, но я думаю, что ещё не очень хорошо. Вы живёте в Москве?

– Да, а где вы живёте?

– В Дортмунде.

– А, Дортмунд – ‹Боруссия›? Здорово! А как вас зовут?

– Герд Фукс. А вас?

– Меня зовут Владимир Егоров. Я тоже еду до ‹Третьяковской› и объясню, где галерея.

– Вот хорошо. Спасибо!

26 Вечеринка

а) 1. на Волгоградском проспекте 2. с 9.00 часов до 20.00 часов 3. 2 раза: на Октябрьской и Таганской
Lösungsvorschlag: 4. шоколад / конфеты / печенье / халва / карамель / вафли / крекер 5. соусы / бульоны / картофельное пюре / концентраты супов и специи

Урок 4

1 Что они отвечают?
1. Да, это мой сын Егор. Ему 16 лет.
2. Я реставратор. 3. Конечно! Давайте завтра в 10 утра. 4. Нет, только с лимоном, пожалуйста!

Текст

1. Потом Инна говорит: «Давайте пить чай! Вам с лимоном и с сахаром?» – «Нет, только с лимоном, пожалуйста!»
2. «Я знаю, что вы работаете в Третьяковской галерее. А кто вы по профессии?» – «Я реставратор.»
3. Госпожа Шрёдер в гостях у Инны Филипповой. Инна показывает фотографии: «Это я в институте. А это моя мама. Вот это мой муж.» – «А этот мальчик ваш сын?» – «Да, это мой сын Егор. Ему 16 лет.»
4. «Ах, как интересно! Вы реставрируете картины! А можно посмотреть, как вы это делаете?» «Конечно! Давайте завтра в 10 утра.»

2 У кого?
у меня / у тебя / у него / у неё / у нас / у вас / у них / у сестры / у сына

3 А у вас?
1. у тебя / у меня / у вас / у нас 2. у нас / у вас 3. у него / у него / у тебя / у меня

4 Есть!
1. у него 2. у неё 3. у вас 4. у него 5. у тебя 6. у них 7. у вас 8. у неё 9. у тебя

5 Вот ответ. А вопрос?
2. у тебя (вас) 3. у вас 4. у них 5. у неё 6. у тебя (вас) 7. у него

6 Что у них есть?
1. У Светы есть новый компьютер. 2. У Бориса Андреевича есть маленький

сын. 3. У Людмилы Фёдоровны есть маленький подарок. 4. У Тани и Ивана есть большая кухня. 5. У Олега есть новая гитара. 6. У Натальи Викторовны есть большая семья.

7 Кто где спит?

Ты спишь в парке? / Он спит в лифте. Она спит в бюро. / Мы спим в кино. / Вы спите в гостинице? / Они спят на стуле.

8 Игра: А что у вас?

1. У меня есть подарок. 2. У неё есть компьютер. 3. У тебя есть минеральная вода. 4. У них есть икра. 5. У меня есть бутылка вина. 6. У него есть фото-аппарат. 7. У нас есть шампанское. 8. У вас есть кредитная карточка? 9. У них есть ветчина. 10. У него есть балалайка. 11. У неё есть видеокассета. 12. У вас есть футбольный мяч? 13. У тебя есть газета. 14. У нас есть колбаса. 15. У меня есть гитара.

9 Что это?

oben: 4 / 11 / 13 / 12 / 7 / 3 / 8,
unten: 9 / 10 / 14 / 1 / 5
keine Zeichnung: 2. борщ / 6. мясо / 15. варенье
Lösungsvorschlag: меню: закуски: салат, ветчина, колбаса, сыр, рыба, блины, икра / супы: борщ, щи, солянка / горячие блюда: мясо в горшочке, котлеты, шницель, картофель-фри / десерт: торт, мороженое / напитки: минеральная вода, сок, вино, водка, шампанское, чай с вареньем

10 У нас гости

Lösungsvorschlag: a) сыр / икра / мясо / салат / мороженое
b) торт / лимон / шампанское / салат / мороженое

11 Кроссворд

1. шампанское 2. сыр 3. лимон 4. водка

5. суп 6. колбаса 7. торт 8. рыба //
Lösungswort: продукты

12 Я ем, ты …

я ем / ты ешь / он, она ест / мы едим / вы едите / они едят

13 Что они едят и пьют?

1. Он ест мясо и пьёт вино. 2. Они едят салат и пьют минеральную воду. 3. А мы едим пиццу и пьём кока-колу. 4. Она ест икру и пьёт водку. 5. Я ем … и пью …

14 Нет, я … не …

2. Нет, он пьёт не кофе, он пьёт чай. 3. Нет, они идут не в кино, они идут в театр. 4. Нет мы идём не в ресторан, мы идём в кино. 5. Нет, я играю не на флейте, я играю на гитаре. 6. Нет, мы едем не в гостиницу, мы едем в театр.

15 А вы знаете?

1. читать 2. пить 3. есть 4. слушать 5. играть 6. жить

16 Слова – слова

1. политик / программист / журналист / архитектор / бухгалтер = профессия 2. муж / жена / сын / сестра / бабушка = семья 3. туалет / кухня / детская / комната / ванная = квартира

17 Мы завтракаем

a) ем / пью / ест / пьёт / едят / ест / ест / пьёт b) едите / ем / пью

18 Кто что ест?

a) в гостях
b)/c) г-н Кремер: борщ и водка / г-жа Вандер: вино и блины с икрой / Инна Викторовна: рыба и белое вино / Саша: рыба и минеральная вода / Катя и Егор: мороженое и кока-кола

Текст

– Господин Кремер, вам ещё борща?

– Да, спасибо, он у вас очень вкусный!
– А что вам налить: вина или водки?
– Ещё немного водки, пожалуйста.
– А вам, госпожа Вандер?
– Мне немного вина. Спасибо. Инна Викторовна, ваши блины очень вкусные, особенно с икрой! У вас есть рецепт?
– А ты что будешь, Инна?
– Мне тоже немного вина. Рыба и белое вино – это так вкусно! Саша, ещё рыбы?
– Да, она у тебя сегодня удалась. И минеральной воды налей, пожалуйста. Я сегодня на машине и отвезу вас вечером в гостиницу.
– Катя и Егор, вот ваше мороженое и кока-кола.
– Спасибо, мама.

19 А у него?
Lösungsvorschlag: У него тоже двухкомнатная квартира. / У меня однокомнатная квартира. / У них большая четырёхкомнатная квартира. / У меня не квартира, а дом.
У неё есть дети / тоже нет детей. / Да, у меня сын и дочь. / Нет, у них нет детей. / У меня маленький сын.

21 Новая квартира
1. Б 2. А 3. А 4. Б

22 В гостях у Инны Филипповой
Вот наша квартира. Это кухня. / Она уютная. А это детская? / Да, там спят сын и дочь. / А это ваша комната? / Да, наша. А ужин уже готов. Пожалуйста, за стол! / Спасибо. У меня тост: ‹За новую квартиру!› / Большое спасибо и приятного аппетита! Берите салат! / Салат? Спасибо! / А вот борщ. / А, борщ, знаю. Он у вас очень вкусный! / Ещё борща? / Спасибо, с удовольствием! / А рыбу попробуете? / Ой, я больше не могу! / Не можете? А у меня пельмени уже готовы!

Урок 5

1 Числа
тринадцать / двадцать два / пятнадцать / двадцать четыре / восемнадцать / двадцать семь / двадцать / двадцать девять

2 13 или 30?
четырнадцать / двадцать восемь / девятнадцать / двадцать семь / тридцать / тринадцать / двадцать пять / двадцать / двенадцать / двадцать два / шестнадцать / одиннадцать / двадцать четыре / семнадцать

3 Часы и минуты
1. девять часов / двадцать один час пятнадцать минут 2. двенадцать часов / двадцать четыре часа пять минут 3. три часа / пятнадцать часов двадцать пять минут 4. семь часов / девятнадцать часов тридцать минут 5. семь часов / девятнадцать часов десять минут 6. десять часов / двадцать два часа двадцать минут 7. восемь часов / двадцать часов пятнадцать минут 8. двенадцать часов / двадцать четыре часа десять минут

4 Объявления
a) 1. 11 ч. 30 мин. 2. 21 ч. 15 мин. 3. 23 ч. 20 мин. 4. 18 ч. 5. 19 ч. 30 мин. 6. 20 ч.
b) 4: 12–13 апреля / 6: 15 мая

Текст
1. Московское время 11 ч. 30 минут.
2. Художественный фильм режиссёра Никиты Михалкова ‹Утомлённые солнцем› вы можете посмотреть в 21 ч. 15 мин.
3. Скорый поезд ‹Москва – Хабаровск› отправляется с первого пути в 23 ч. 20 мин.
4. В Академическом театре оперетты 12 и 13 апреля премьера – оперетта Легара ‹Граф Люксембург›. Начало в 18 час.

5. Новости Аэрофлота. Теперь ежедневно кроме субботы вы можете улететь в СПБ. Вылет из Москвы в 19 ч. 30 мин.

6. В государственном концертном зале ‹Россия› 15 мая концерт народной артистки России Надежды Бабкиной и ансамбля ‹Русская песня›. Начало в 20 ч.

5 Есть или нет?

a) 2. В Москве есть вокзалы? / 3. В Липецке есть парки? 4. У Татьяны Петровны есть билеты? / 5. У г-на Зайпа есть чемоданы? / 6. У г-жи Мюллер есть подарки? / 7. У вас есть немецкие журналы? / 8. У них есть компьютеры?

b) 2. Да, в Москве есть вокзалы. / Нет, в Москве нет вокзалов. / 3. Да, в Липецке есть парки. / Нет, в Липецке нет парков. / 4. Да, у Татьяны Петровны есть билеты. / Нет, у Татьяны Петровны нет билетов. 5. Да, у г-на Зайпа есть чемоданы. / Нет, у г-на нет чемоданов. 6. Да, у г-жи Мюллер есть подарки. / Нет, у г-жи Мюллер нет подарков. 7. Да, у меня есть немецкие журналы. / Нет, у меня нет немецких журналов. 8. Да, у них есть компьютеры. / Нет, у них нет компьютеров.

6 Билеты – билетов – …

1. – б) 2. – в) 3. – г) 4. – а) 5. – б) 6. – в) / б) 7. – г)

7 Хобби

1. фильмы 2. журналы 3. туристами 4. мальчиками 5. вокзалов 6. туристов / билетов

8 Вокзал – вокзалы

вокзалы / сокурсники / подруги / дикторы / квартиры / билеты / бюро / вагоны / сокурсницы / проводницы / чемоданы / мужчины / метро / студентки / стаканы / бутылки / проводники / гитары

9 Домино

11 рыб / 15 стаканов / 21 чемодан / 33 проводницы / 18 вагонов / 22 дивана / 12 лимонов / 4 блина / 23 гитары / 16 компьютеров / 3 подарка / 2 сестры / 18 балалаек / 10 мужчин

10 Вкусные конфеты

1. улицы 2. яблоки 3. городов 4. городах 5. вагонах 6. конфеты 7. сокурсницами 8. гостей

11 Сокурсники или сокурсницами?

a) 1. газеты? / газеты / журналы 2. туристами / подругами 3. лимонов / конфет 4. фрукты / конфеты 5. туристам / сокурсницам

b) 1. сокурсников / жду / подруг 2. сокурсниками / еду / подругами 3. сокурсниками / идут / подругами 4. сокурсникам / показывает / подругам 5. сокурсниках / говорит / подругах

12 Вопросы и ответы

Lösungsvorschlag: 1. Я говорю с моими подругами о мужчинах / с иностранцами о немцах / с нашими туристами о моих гостях. 2. Я смотрю на наших сокурсников / на моих гостей / на мальчиков. 3. Я думаю о моих подругах / моих сокурсницах / немцах. 4. Я ем грибы / блины / салаты. 5. Я наливаю кофе моим гостям / нашим туристам / немцам. 6. Газеты пишут об иностранцах / о мальчиках / о немцах. 7. Я понимаю моих подруг / моих гостей / наших туристов. 8. Я приглашаю моих подруг / мужчин / моих сокурсниц.

13 Кто что любит?

a) 1. гулять в парке 2. принимать гостей 3. читать газеты 4. пить кофе 5. смотреть в окно 6. петь песни 7. слушать музыку 8. разговаривать с подругами 9. показывать гостям фотографии 10. приносить моим детям подарки 11. разговаривать с

иностранцами 12. рассказывать моим подругам о моей семье
b)/c) 1. Ирина Сергеевна: 2 / 6 / 4 / 1
2. Анатолий Александрович: 10 / 6 / 1
3. Татьяна: 6 / 3 / 1 4. Олег: 7 / 6 / 1

Текст

Семья Ивановых живёт не в Москве, а в маленьком городе Истра. У них трёх-комнатная квартира в центре города и дача за городом. Ирина Сергеевна очень любит принимать гостей. А ещё она любит петь. Когда у них гости, вся семья с удовольствием поёт: и муж Анатолий Александрович, и дети Татьяна и Олег. Анатолий Александ-рович любит приносить подарки детям. Ирина Сергеевна любит утром пить кофе. Олег любит слушать музыку, а Татьяна очень любит читать газеты и журналы. Вечером вся семья любит гулять в парке.

15 Кого вы любите?

Lösungsvorschlag: Я очень люблю Баха / Бетховена / Твена / Бунина / Равеля / Гюго / Гёте / Кипренского / Чайков-ского / Достоевского.

16 Кроссворд

1. проводник 2. вагон 3. стакан 4. путь
5. отправление 6. место 7. конфета
8. чемодан 9. билет 10. купе // Lösung: расписание

17 На вокзале

1. поездов 2. объявления 3. билеты
4. туристов 5. вагонах 6. места 7. про-водницы 8. билеты 9. чемоданы 10. ста-канов 11. иностранцами 12. мужчин

18 Чистые чемоданы?

чистые улицы, парки, квартиры / вкусные конфеты, яблоки / большие чемоданы, квартиры, яблоки, зарплаты, парки / дорогие квартиры, магазины, конфеты / красивые улицы, магазины, чемоданы, квартиры, парки / высокие зарплаты / маленькие чемоданы, яблоки, квартиры, магазины, зарплаты, парки / хорошие конфеты, яблоки, магазины, преподаватели, парки / новые чемоданы, улицы, квартиры, магазины, преподаватели, парки

19 Новая квартира

поставите / поставим / поставим / поста-вишь / поставлю / поставим / поставим

20 Вечеринка – вот это здорово!

пишу / приглашает / говорим / делаю / повесишь / повесим / куплю / купит / купим / купите / купит / куплю

21 Спальный вагон в Липецк

объявления / билеты / вагонах / места / билеты / яблоки / конфеты / яблоки / конфеты / люди / дома / улицы / мага-зины / газет / квартирах / магазинах / зарплаты / денег / одеждой / помидоры / огурцы / яблоки

22 Игра: Упаковываем чемодан?

чемодан / видеокассеты / планы Москвы / газеты / помидоры / огурцы / конфеты / яблоки / подарки / билеты

23 Вот это сюрприз!

a) Г
Lösungsvorschlag: c) Сегодня вечером мы идём в театр. У меня два билета на опе-ру ‹Аида›. / Вот это сюрприз! Моя лю-бимая опера! Здорово! Спасибо тебе. // У вагона: Вот наш вагон. Давай билеты! Ой, а у меня нет билетов. / Посмотри, билеты не у тебя? / Нет, не у меня. Вот это сюрприз!

Урок 6

1 Числа

тринадцать / пятнадцать / восемнадцать / двадцать шесть / тридцать девять / сорок два / пятьдесят четыре / шестьдесят один / семьдесят восемь / восемьдесят пять / девяносто семь / сто двенадцать

2 13 или 30?

тридцать один / девяносто шесть / пятьдесят два / семьдесят семь / сорок пять / восемьдесят девять / шестьдесят три / сто одиннадцать

3 Шестьдесят семь или семьдесят шесть?

семьдесят три / сорок пять / тридцать восемь / восемнадцать / восемьдесят шесть / шестьдесят семь / девяносто четыре / девятнадцать / двадцать восемь / восемьдесят два / тринадцать / тридцать один / сорок / пятьдесят пять

4 Один – два, три, четыре – пять …

53 завода, 346 заводов / 82 газеты, 898 газет / 24 яблока, 235 яблок / 73 подарка, 127 подарков / 42 подруги, 569 подруг / 94 места, 655 мест

5 Номер телефона

72-57-95: семьдесят два – пятьдесят семь – девяносто пять / 336-11-48: триста тридцать шесть – одиннадцать – сорок восемь / 934-26-68: девятьсот тридцать четыре – двадцать шесть – шестьдесят восемь

7 Позвоните!

a) 812: Санкт-Петербург / 3832: Новосибирск / 8452: Саратов / 0922: Владимир / 8312: Нижний Новгород / 095: Москва / 0742: Липецк

b) Татьяна Петровна: 095 / 392-76-51, Игорь Васильевич: 0742 / 74-34-29, Ирина Андреевна: 0922 / 24-96-22, Виктория Ивановна: 812 / 444-01-85, Андрей Михайлович: 8452 / 72-46-70, Сергей: 8312 / 23-32-10, Оксана: 3832 / 10-93-61

c) Татьяна Петровна живёт в Москве. / Игорь Васильевич живёт в Липецке. / Ирина Андреевна живёт во Владимире. / Виктория Ивановна живёт в Санкт-Петербурге. / Андрей Михайлович живёт в Саратове. / Сергей живёт в Нижнем Новгороде. / Оксана живёт в Новосибирске.

8 Пословицы

1: двух / 3: два / 4: семь – один / 6: один
Ein alter Freund ist besser als zwei neue. / Der Morgen ist klüger als der Abend. (Guter Rat kommt über Nacht.) / Ein Geist ist gut, aber zwei sind besser. / Sieben Unglücke – eine Antwort. / Der Apfel fällt nicht weit vom Stamm (Apfelbaum). / Einer (allein) auf dem Feld ist kein Krieger.

9 Россия в цифрах

a) 17 075 000: семнадцать миллионов семьдесят пять тысяч / 47 000: сорок семь тысяч / 146 900 000: сто сорок шесть миллионов девятьсот тысяч / 9 003 000: девять миллионов три тысячи / 5 410: пять тысяч четыреста десять / 3 700: три тысячи семьсот

b) 17 075 000 / 47 000 / 146 900 000 / 9 003 000 / 5 410 / 3 700

c)/d) площадь Германии: триста пятьдесят шесть тысяч шестьсот сорок семь кв. км / площадь Берлина: восемьсот восемьдесят три кв. км / в Германии живёт: восемьдесят два миллиона сто тысяч ч. / в Берлине живёт: три миллиона четыреста тысяч ч. / Рейн: тысяча триста два км

e) Англия: 59,1 / Германия: 82,1 / Испания: 39,3 / Италия: 57,6 / Россия: 146,9 / Франция: 58,8

10 Реклама

a) А / Г

b) Москва: 095/287-32-21 / новые цены

c) 29.900 долларов / Санкт-Петербург: 812/327-0088 и 812/327-4367

d) Фирма ‹Сигма› / Фольксваген Гольф и Бора / Гольф: 15.000 до 16.500 долларов, Бора: 19.000 долларов

Текст

– Добрый день. Фирма ‹Сигма›.

– Здравствуйте! Я была у вас в автосалоне. У вас большой выбор. Но меня интересует ‹Фольксваген›. Вы продаёте машины этой марки?

– Конечно! Мы можем предложить вам модели ‹Гольф›, ‹Пассат› и одну из новых моделей ‹Бора›. Какая вас интересует?

– Фольксваген ‹Гольф› сколько стоит?

– От 15 тысяч до 16 тысяч 500.

– А ‹Бора›?

– Фольксваген ‹Бора› стоит у нас 19 тысяч.

– Спасибо за информацию. До свидания.

– Приходите, будем рады видеть вас в нашем салоне. До свидания.

11 История России

a) 1147 – г) / 1237 – е) / 1480 – а) / 1825 – и) / 1836 – л) / 1861 – в) / 1917 – з) / 1941 – б) / 1945 – к) / 1961 – ж) / 1985 – д)

b) 1147 – Gründung Moskaus / 1237–1480 – mongolisch-tatarisches Joch / 1825 – Aufstand der Dekabristen / 1836 – erste Eisenbahnlinie in Russland / 1861 – Aufhebung der Leibeigenschaft / 1917 – Октябрьская революция / 1941 – deutscher Überfall auf die UdSSR / 1945 – Kapitulation der deutschen Wehrmacht / 1961 – Юрий Гагарин: erster Mensch im Weltall / 1985 – перестройка

12 Четыре минус один

1. водка 2. официант 3. любить

4. гостиница 5. автобус // Lösungswort: Волга

13 Ресторан

Lösungsvorschlag: официант / стол / меню / заказывать/ закуски / суп / на второе / десерт / напитки / ассорти / …

14 Бесплатно есть?

уютно сидеть, спать / скучно рассказывать / неудобно спать, сидеть, ехать / приятно ехать, сидеть, спать / тихо говорить, разговаривать, играть / бесплатно есть, ехать, играть / плохо понимать, говорить, ехать / откровенно сказать / трудно забывать, понимать

15 В Липецке

тысяча девятьсот девяносто девятый / пятьсот тысяч / сорок пять тысяч / двадцать тысяч / приглашают / едят / разговаривают / стоит / зарабатывает / понимают / есть / понимают / понимают

16 В магазине

a) Здравствуйте! / Дайте, пожалуйста, 150 грамм колбасы, полкило мяса и 300 грамм рыбы. / А что ещё? / Ещё полкило мёда и 400 грамм конфет.

b) … ваши помидоры? / 35 руб. килограмм. / Мне, пожалуйста, один килограмм. / Ещё есть огурцы. Берите, недорого, всего 40 руб. / Пожалуйста, дайте два кило яблок и 200 грамм грибов. Это всё.

17 Трансаэро тур

a) Тель-Авив – 386 долларов / Лос-Анджелес – 649 долларов / Израиль – 599 долларов / США – 950 долларов / Франкфурт, Берлин – 250 долларов / Нью-Йорк – 499 долларов / Париж, Ницца – 299 долларов

b) Санкт-Петербург – 995 рублей / Новосибирск – 2800 рублей / Минск – 90 долларов / Баку – 99 долларов / Ташкент – 175 долларов

Текст

1. Авиакомпания Трансаэро. Здравствуйте! / Здравствуйте! Меня интересует рейс в Санкт-Петербург. Сколько стоит билет? / 995 рублей. / Извините, вы сказали: рублей или долларов? / 995 рублей. / Спасибо! До свидания! / До свидания!

2. Авиакомпания Трансаэро. Здравствуйте! / Здравствуйте! Мне нужно срочно в Новосибирск! Я могу вылететь сегодня? / Одну минуточку. К сожалению, нет. Только завтра. / Хорошо, а сколько стоит билет? / 2800 рублей. / 2800? Спасибо!

3. Трансаэро. Здравствуйте! / Здравствуйте! Вы выполняете рейсы в Минск? / В Минск? Да, конечно. Стоимость билета – 90 долларов. / Спасибо!

4. Трансаэро. Здравствуйте! / Добрый день! Вы не подскажете, сколько стоит билет до Баку? / Так, Баку. Билет стоит 99 долларов. / Спасибо!

5. Трансаэро. Здравствуйте! / Здравствуйте! Вы не могли бы мне помочь? Мне нужно в Ташкент, а сколько стоит туда билет – не знаю. / Ташкент – одну минуточку. Билет стоит 175 долларов. / Большое вам спасибо!

18 Вопросы

a) 1. Нет настоящей системы социальной защиты. 2. Так жить нельзя. 3. Мы вас и так понимаем!

Lösungsvorschlag: b) У Надежды Георгиевны есть семья / дети / машина / подруга? / У неё большая квартира? / Она хороший инженер? / Она любит работу? / Что она любит? / В Липецке есть театры / вокзал / музей / парки / институты / безработица? / Как там живут люди? / Липецк – красивый город? / А городской транспорт действительно бесплатный?

19 Работа ест работа

a) работа / безработица / заработки / работать / подрабатывать / зарабатывать

Урок 7

1 А вы знаете виды?

a) подумать / поиграть / поужинать / позавтракать / погулять / посмотреть / послушать / подарить / сделать / узнать / подождать / написать / выучить / смастерить / нарисовать / выпить

b) вздохну́, вздохнёшь, вздохну́т / начну́, начнёшь, начну́т / откро́ю, откро́ешь, откро́ют / поздра́влю, поздра́вишь, поздра́вят / расскажу́, расска́жешь, расска́жут / решу́, реши́шь, реша́т / соберу́, соберёшь, соберу́т

2 Будет!

будешь / будет / будем / будете / будут

3 А завтра?

Lösungsvorschlag: a) Ты будешь слушать компакт-диск? / Мы будем смотреть фильм. / Антон будет читать детектив. / Нина и Саша будут ужинать в ресторане. / Света будет рисовать портрет. / Я буду учить стихи. / Они будут играть в хоккей. / Вы будете мастерить модели ракеты?

b) поужинать / нарисовать / послушать / выучить / посмотреть / поиграть / прочитать / смастерить

c) Ты послушаешь компакт-диск? / Мы посмотрим фильм. / Антон прочитает детектив. / Нина и Саша поужинают в ресторане. / Света нарисует портрет. / Я выучу стихи. / Они поиграют в хоккей. / Вы смастерите модели ракеты?

4 Кроссворд

подарок / рисунок / лошадка / здорово / девочка / деньги / духи / конфеты // Lösungswort: праздник

5 Праздники в России

1. – c) 2. – e) 3. – b) 4. – d) 5. – f) 6. – g) 7. – a)

6 Год

a) янва́рь / февра́ль / а́вгуст
b) апрель, май / июнь, август / октябрь, ноябрь / декабрь / январь

7 Месяцы

a) двенадцать / четыре / три / декабрь / январь / февраль / март / апрель / май / июнь / июль / август / сентябрь / октябрь / ноябрь
b) февраль
c) январь / февраль / апрель / июнь / июль / сентябрь / октябрь / ноябрь / декабрь
d) апрель / июнь / сентябрь / ноябрь
e) январь / март / май / июль / август / октябрь / декабрь

8 Когда они родились?

М. И. Цветаева 26.9.1892 / Ю. А. Гагарин 9.3.1934 / Л. Н. Толстой 28.8.1828 / А. С. Пушкин 26.5.1799

9 Глаголы

вставать/встать, приходить/прийти, извиняться/извиниться, начинать/ начать, обижать/обидеть, обнимать/ обнять, просыпаться/проснуться, готовить/приготовить, приезжать/ приехать, переживать/пережить, входить/войти, звонить/позвонить

10 Завтра

1. читать / прочитаешь 2. буду собирать / соберёшь 3. будет класть / положит 4. буду звонить / позвонишь 5. будешь убирать / уберу 6. буду мыть / выти-рать

11 Планы на завтра

Lösungsvorschlag: С 8.30 до 9.00 я буду читать газету. Потом пойду покупать продукты. С 11.00 до 13.00 я буду убирать квартиру, потом я буду готовить обед. В 14.00 мы будем обедать. Потом я буду отдыхать и слушать музыку. В 16.00 мы будем пить кофе, а потом я буду помогать сыну делать математику. Вечером будем смотреть новый фильм.

12 Вера Куликова

подарит / буду убирать / пойдём / посмотрим / будут помогать / будет выбрасывать / будет готовить / будем убирать / буду делать

13 Загадки

1. неделя 2. месяцы 3. весна 4. осень 5. день

14 Поздравление

Дорогая Вера!
Поздравляю тебя с международным женским днём 8 Марта! Желаю счастья, здоровья и всего самого доброго! Твой Слава

15 Почему?

2. Вера Алексеевна учительница. 3. Вера горько улыбается потому, что каждый год одно и то же и она не любит этот праздник. 4. Когда муж и дети дарят ей букет цветов, Вера горько улыбается. 5. Она не может больше молчать, потому что она не может так больше жуть.

Текст
1. 8 Марта в Германии тоже праздник? 2. Кто по профессии Вера Алексеевна Куликова? 3. Почему в ответ на поздравление Вера горько улыбается? 4. Как реагирует Вера, когда муж и дети дарят ей букет цветов? 5. Почему она не может больше молчать?

16 Подарки
a) 1. – Г 2. – В 3. – Б   b) А

Текст
– Света, привет! Выручай! У Даши скоро день рождения. Хочу подарить ей что-нибудь модное, всё-таки десять лет исполняется.
– Ну, это очень просто. Совсем рядом есть то, что ты ищешь – магазин на Ленинском проспекте.
– А это не слишком дорого?
– У меня есть купон. С ним ты получишь скидку семь процентов.
– Ты просто прелесть! Спасибо! И ждём на день рождения. Пока!

17 Всё будет по-другому!
b) Lösungsvorschlag: Давайте сегодня все вместе пойдём в кафе, а вечером – в театр!

d) 1. нет 2. да 3. да 4. нет 5. нет 6. да 7. да

e) Lösungsvorschlag: 1. Сегодня всё будет по-другому! 2. Сегодня мой праздник! 3. Я устала от мужчин!

Текст
«Сегодня мой праздник, правда?», спрашивает Нина.
«Ну конечно. Поздравляем тебя!»
«Значит, я могу делать всё, что я хочу?» Муж смотрит на жену и ничего не понимает. «Д-да, конечно ... можешь», не сразу отвечает он.
«Вот и отлично! Я отмечу свой праздник с подругами.» И она уходит. У Ани, подруги Нины, весь вечер горит свет. За столом на кухне сидят четыре подруги. Они пьют чай с вареньем, смеются и слушают музыку, поют и разговаривают обо всём или просто молчат. Иногда можно понимать друг друга без слов.
«Я устала от мужчин!», вдруг говорит Нина. Подруги обнимают её и говорят: «Просто нам надо чаще встречаться!»

Урок 8

1 Русский алфавит
a) актриса / большой / вкусный / горячий / дарить / ехать / жить / здоровье / играть / красивый / любить / мечтать / немецкий / объявление / праздничный / работа / современный / улица / фотографировать / хотеть / художник / цена / чистый / шпроты / щи / яблоко
b) Substantive: актриса / здоровье / объявление / работа / улица / художник / цена / шпроты / щи / яблоко
Adjektive: большой / вкусный / горячий / красивый / немецкий / праздничный / современный / чистый
Verben: дарить / ехать / жить / играть / любить / мечтать / фотографировать / хотеть

2 Бытовая техника
7 / 5 / 8 / 2 / 3 / 4 / 1 / 10 / 6 / 9

3 Слова – слова
холодильник, утюг, мясорубка / чайник, кофеварка, пылесос, соковыжималка / микроволновая печь, газовая плита

4 Кроссворд

Щ	В	С	М	А	Е	О	Р	Г	Ч	О
Н	М	Т	Я	Щ	М	П	Ц	К	Л	Ё
Э	К	Х	С	Л	Е	Ы	Т	Ю	Р	У
Х	О	Л	О	Д	И	Л	Ь	Н	И	К
Т	Ф	Э	Р	Щ	В	Е	Б	Ц	Н	Ы
К	Е	Л	У	Б	М	С	З	Ж	У	Ш
Д	В	Г	Б	Ч	Й	О	Ё	Э	Т	Я
Щ	А	Ы	К	Д	С	С	Й	Ч	Ю	П
П	Р	Э	А	Й	Н	Б	Т	З	Г	Ц
Ц	К	Щ	Л	Г	Д	Ж	Е	О	А	Ф
Ч	А	Й	Н	И	К	Ш	Р	Е	Щ	О

холодильник / чайник / кофеварка / мясорубка / пылесос / утюг

5 BSH в России

b) 3 (oder 4)

c) 1. – c) 2. – b) 3. – a) 4. – b) 5. – c)

6 Так ли это?

Игорь работал в институте экономики. Они с женой и детьми жили в двухкомнатной квартире. А Мартин работал бухгалтером на автозаводе. Он будет представителем фирмы ‹Сименс› в Сибири. Игорь и Валентина пригласили Мартина в Москву.

7 Новости из Калининграда

a) Nachrichten

b) БМВ – Автотор, автомобили

c) 120.000

Текст

А сейчас – новости экономики. В Калининграде произведена первая тысяча автомобилей БМВ пятой серии совместного производства германской компании BMW и российской фирмы ‹Автотор›. В целом по дорогам России ездит около 120 тысяч автомобилей марки БМВ.

8 Дни недели

понедельник / вторник / среда / четверг / пятница / суббота / воскресенье

9 Вчера – сегодня – завтра

1. суббота / воскресенье 2. был вторник / будет четверг 3. понедельник / было воскресенье 4. четверг / будет пятница 5. Вчера была среда. / Завтра будет пятница.

10 Кроссворд

1. вторник 2. четверг 3. среда
4. воскресенье 5. понедельник
6. пятница // Lösungswort: неделя

11 Что вы делали?

1. готовить 2. смотреть 3. ехать
4. идти 5. звонить 6. покупать
7. убирать 8. работать

12 С понедельника до пятницы

a) пятница b) 1 / 2 c) вторник / среда

Текст

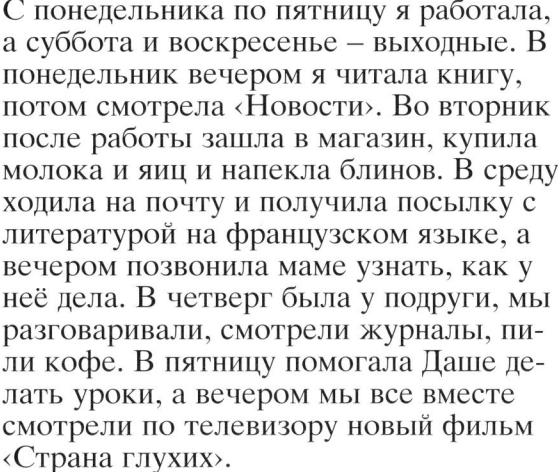

С понедельника по пятницу я работала, а суббота и воскресенье – выходные. В понедельник вечером я читала книгу, потом смотрела ‹Новости›. Во вторник после работы зашла в магазин, купила молока и яиц и напекла блинов. В среду ходила на почту и получила посылку с литературой на французском языке, а вечером позвонила маме узнать, как у неё дела. В четверг была у подруги, мы разговаривали, смотрели журналы, пили кофе. В пятницу помогала Даше делать уроки, а вечером мы все вместе смотрели по телевизору новый фильм ‹Страна глухих›.

13 Уик-энд

Lösungsvorschlag: a) … убрала квартиру и позвонила моей подруге. Днём мы гуляли с подругой в парке и играли с детьми. Вечером мы поужинали в ресторане.

b) … читать газету. Потом я буду готовить обед. А вечером я пойду в кино.

14 Планы Игоря

… поужинали / не гуляли / Утром они позавтракали и поехали в центр Москвы. Они посмотрели торговый центр на Манежной площади. Потом они поехали на вернисаж в Измайлово. Вечером они не смотрели балет в Большом театре, а поужинали в ресторане.

15 Писать газету?

a) читать / слушать / смотреть / встречать / пойти / покупать / писать / заказывать / убирать / ехать

b) читала / слушали / смотрел(а) /
заказывал(а) / пошёл / покупал(а) /
покупал / заказывали / убирали /
поехали

16 Что Мартин делал в субботу?
купил / смотрели / разговаривали /
пригласили / заказал / поужинали

17 Еженедельник
а) В понедельник Игорь позвонил Мартину. Потом он купил цветы и поздра-
вил маму с днём рождения. Во вторник
он заказал столик в ресторане на
субботу. В среду он купил продукты.
В четверг убирал квартиру. В пятницу
он помог Валентине приготовить ужин
и встретил Мартина. Утром в субботу
он показал Мартину центр Москвы.
Потом они поехали на вернисаж. А
вечером они поужинали в расторане.

18 Показывал или показал?
1. показывают / показали / покажут
2. видел / видел / увидишь / увидел
3. спрашивала / спрашивала / спрошу
4. приглашала / пригласите

19 Что мы будем делать завтра?
4 / 10 / 3 / 12 / 5 / 2 / 8 / 9 / 6 / 1 / 11 / 7

Текст
– А что мы будем делать завтра?
– Завтра пятница, работают все музеи,
  выставки. Хочешь, пойдём в Третья-
  ковскую галерею?
– Я там уже была и мне очень понра-
  вилось.
– А что тебя ещё интересует?
– Ну, я люблю классическую литера-
  туру и театр.
– Русская классика тебя интересует?
– Да, конечно.
– Тогда можно посмотреть ‹Пиковую
  даму› в театре им. Вахтангова или
  ‹Волки и овцы› Островского в Малом
  театре. Ну, что скажешь?

– Давай пойдём на ‹Пиковую даму›!
  А где этот театр?
– На Старом Арбате. Там тоже очень
  интересно: маленькие магазины,
  кафе, сувениры, уличные музыканты.
– А давай, мы сначала погуляем по
  Арбату, а потом пойдём в театр.
– Отлично! Так и сделаем.

20 Письмо Игорю
пригласили / посмотрел / понравился /
готовила / приглашаю

21 Расскажите!
а) 1. Вера Алексеевна Куликова /
Москве / 35 / она учительница / двое
детей / Денису 6 лет, Диме 10 лет /
книги и кино.
2. Это Игорь Петрович Горшков.
Он живёт в Москве. Ему 34 года. Он
экономист. У него двое детей, Даше
11 лет и Стасу 9 лет. Его интересует
интернет.
3. Это Николай Ефимович Воронов.
Он живёт в Липецке. Ему 39 лет.
По профессии он программист. Его
интересует рыбалка и поп-музыка.
4. Это Надежда Георгиевна Беляева.
Она тоже живёт в Липецке. Ей 42 года.
По профессии она инженер. У неё есть
дочь. Ирине 16 лет. Её интересуют
детективы.
Lösungsvorschlag: **b)** Меня зовут ... /
Мне ... лет (года). / Я живу в ... /
У меня (четырёхкомнатная) квартира
(дом). / У меня есть муж (жена). /
Мужа (жену) зовут ... / У меня есть
дочь (сын). / Сыну (дочери) ... лет. /
Меня интересует ... .

22 Скороговорки
1. – d) 2. – e) 3. – f) 4. – b) 5. – a) 6. – c)

Урок 9

1 Как правильно?

новая квартира / знаменитый актёр / праздничный ужин / интересный роман / чистая правда / хороший подарок / современный писатель / добрый день / начальная школа / маленький город

2 Новые слова

a) горький / бедный / отличный / уютный / тихий / ужасный / хороший / приятный / спокойный / бесплатный / глубокий / трудный / скучный / успешный
b) горький / тихий / хороший / глубокий

3 Кто что делает?

Lösungsvorschlag: Мой друг готовит праздничный ужин. / Они рассказывают о дорогом магазине. / Ты купишь свежую газету. / Я люблю современный театр. / Мы посмотрим новый фильм. / Моя подруга смотрит интересную выставку. / Наш курс встречает русского гостя.

4 Это дорогой магазин!

2. свежая 3. хорошая 4. интересный
5. современная гостиница 6. большая квартира 7. бесплатный

5 Кроссворд

М	Х	О	Р	О	Ш	И	Й	К
Д	А	Ф	Т	Ч	З	С	В	Б
Н	П	Л	О	Х	О	Й	Е	И
И	С	Э	Е	Е	А	У	К	Л
З	Д	А	Р	Н	И	Й	Н	Б
К	Г	Б	О	Л	Ь	Ш	О	Й
И	И	У	Р	А	Г	К	И	Й
Й	Щ	В	Ы	С	О	К	И	Й
Г	О	Р	О	Д	С	К	О	Й

a) хороший / плохой / большой / высокий / городской / низкий / маленький
b) плохой – хороший / маленький – большой / низкий – высокий
c) городской

6 Пейзаж или натюрморт?

пейзаж / натюрморт

7 Знаменитая актриса

a) знаменитой актрисы / знаменитой актрисе / знаменитую актрису / со знаменитой актрисой / о знаменитой актрисе
популярной выставки / популярной вы-ставке / популярную выставку / с популярной выставкой / о популярной выставке.
талантливого инженера / талантливому инженеру / талантливого инженера / с талантливым инженером / о талантливом инженере
интересного вернисажа / интересному вернисажу / интересный вернисаж / с интересным вернисажем / об интересном вернисаже
b) 1. популярная выставка и интересный вернисаж 2. о популярной выставке и интересном вернисаже 3. на популярной выставке и интересном вернисаже 4. с популярной выставкой и интересным вернисажем 5. популярной выставки и интересного вернисажа 6. популярную выставку и интересный вернисаж
c) 1. знаменитая актриса и талантливый инженер 2. о знаменитой актрисе и талантливом инженере 3. у знаменитой актрисы и талантливого инженера 4. знаменитую актрису / талантливого инженера 5. со знаменитой актрисой и талантливым инженером 6. знаменитой актрисе и талантливому инженеру

8 Новый или новая?

1. новым / новом 2. новой / новый / новой / новой

9 Что пишут газеты?

рождественская распродажа / мужской клуб / элитный жилой комплекс / косметический салон на дому / парижский журнал / русский человек на японской чайной церемонии / французская женщина

10 Доброе утро

хороший художник, вечер, учебник, ужин / доброе слово, сердце, утро, дело / новая песня, улица, квартира, дача / вкусное вино, яблоко, мороженое, варенье

11 По алфавиту

большой / вкусный / высокое / городской / красивая / малый / мокрое / новая / новый / праздничный / современная / хороший

12 Что вам понравилось? А почему?

… Мне очень понравилась эта актриса. Она очень талантливая. / Мне очень понравился этот ресторан. Он очень уютный. / Мне очень понравилось мясо в горшочке. Оно очень вкусное. / Мне очень понравилась эта учительница. Она очень добрая.

13 Какой? Какая? Какое?

большая, маленькая, уютная, новая, хорошая / современная, классическая, хорошая, тихая / купейный, плацкартный / современная, интересная, скучная / горячий, хороший / добрый, хороший, скучный, маленький, интересный, талантливый / новая, чистая, тихая / вкусное, свежее, красное / отличное, высокое, хорошее, плохое / большой, маленький, современный, новый

14 Вкусное яблоко

a) вкусного яблока, вкусному яблоку, вкусное яблоко, со вкусным яблоком, о вкусном яблоке / домашнего варенья, домашнему варенью, домашнее

варенье, с домашним вареньем, о домашнем варенье

b) домашнее варенье / домашнего варенья / о домашнем варенье / с домашним вареньем / домашнее варенье / домашнее варенье
Lösungsvorschlag: c) Я люблю русский кефир / русскую сметану. Без русского кефира / русской сметаны я не могу прожить ни дня! Я мечтаю о русском кефире / русской сметане! Начинай свой день русским кефиром / русской сметаной! Летом и зимой русскому кефиру / русской сметане – да! Русский кефир / русская сметана – мой лучший друг!

15 Где?

a) купить билет – железнодорожный вокзал / посмотреть спектакль – драматический театр / купить подарок – магазин / посмотреть картины – художественный музей / получить справку – справочное бюро / купить свежую газету – газетный киоск / съесть мороженое – кафе / гулять – городской парк / отправить письмо – почта / послушать музыку – концерт

b) … железнодорожный вокзал. / Я хочу посмотреть спектакль и иду в драматический театр. / Я хочу купить подарок и иду в магазин. / Я хочу посмотреть картины и еду в художественный музей. / Я хочу получить справку и еду в справочное бюро. / Я хочу купить свежую газету и иду в газетный киоск. / Я хочу съесть мороженое и иду в кафе. / Я хочу гулять и еду в город-ской парк. / Я хочу отправить письмо и иду на почту. / Я хочу послушать музыку и еду на концерт.

16 Найдите ответы!

a) 1. – к) 2. – н) 3. – м) 4. – б)
5. – з) 6. – ж) 7. – в) 8. – л) 9. – о)
10. – а) 11. – д) 12. – г) 13. – и)
14. – е)

17 Собираем слова

a) продукты: сыр / колбаса / ветчина / рыба / мясо / грибы / икра / конфеты / мёд / хлеб / чай / кофе / … //
город: вокзал / гостиница / памятник / парк / театр / кафе / ресторан / улица / площадь / школа / дом / музей / магазин / такси / метро / …
Lösungsvorschlag: b) профессия / семья / хобби / …

18 С песней по жизни

a) 1. Кто? Ф. И. Шаляпин. 2. Где? В Берлине.
b) знаменитый русский оперный / большим / маленький, хорошей / большой, знаменитого / необычном
c) Необычный концерт

19 Брачное объявление

a) Alter / Körpergröße / Gewicht
b) в/п – вредные привычки, м/п – материальные проблемы, в/о – высшее образование, ж/п – жилищные проблемы, а/я – абонентский ящик
Lösungsvorschlag: c) он, 39, 174, интеллигентный, порядочный, с женщиной, можно с ребёнком / она, 32, 161, с мягким и нежным сердцем, серьёзного мужчину, желат. военного
Lösungsvorschlag: d) Это симпатичный, спортивный мужчина. Ему 31 год. Его рост 175. Он хочет познакомиться с симпатичной женщиной до 30 лет для создания семьи, можно с ребёнком.
Lösungsvorschlag: e) Немец, 46/182, без в/п и м/п, интеллигентный и порядочный, интересы: музыка, спорт, любит готовить, познакомится с одинокой женщиной для создания семьи.

21 Загадки

a) 36 кошек / 432 котят / 1728 мышей
b) радио / книга

22 Михаил Жванецкий: ‹Привет, электорат!›

a) 1. проблема отцов и детей 2. свобода и диктатура
b) Сказать, что при диктатуре милиция нас защищает, …

Урок 10

1 Умная женщина

a) знаменитые актёры / красивые букеты / вкусные яблоки / большие гостиницы / красивые мужчины / дорогие магазины / красивые улицы / новые машины / добрые сердца / талантливые художники / интересные письма / современные самолёты / свежие соки / хорошие учительницы / умные женщины / короткие слова / молодые бабушки / популярные актрисы
b) новые машины, новых машин, новым машинам, новые машины, с новыми машинами, о новых машинах / свежие соки, свежих соков, свежим сокам, свежие соки, со свежими соками, о свежих соках / короткие слова, коротких слов, коротким словам, короткие слова, с короткими словами, о коротких словах

2 Мартин в Москве

вкусные обеды / ужины / исторические памятники / интересные выставки / красивые станции / маленькими магазинами / старые фотоаппараты / современные картины / серебряные подстаканники / современных художниках / маленькие картины / молодых актёрах / актрисах / дорогих ресторанах

3 Вы помните Горшковых?

новая / больших / сталинском / хорошие / новую / немецкую / домашние / праздничный / большим / домашним / дорогих / ресторанах / современный / новые / русских / немецких / немецкий / немецкий / французский

4 Фридрихсдорф помогает
немецкие семьи / организационных вопросах / новые фотографии / странные чувства / русские мальчики / добрые сердца / приятные воспоминания / длинные письма

5 Реклама
маленькие / здоровыми / умными / хороших / любимых / настоящим / популярными / трудные / современных / интересных

6 Вопросы
1. интересуешься / интересуетесь
2. встречаешься / встречаетесь
3. познакомился / познакомились
4. начинается 5. готовится / готовитесь 6. пишется 7. осталось
8. хочется 9. нравится

7 Рисовать и фотографировать
рисуешь, рисует, рисуем, рисуете, рисуют / фотографируешь, фотографирует, фотографируем, фотографируете, фотографируют

8 Что они делают и что он говорит?
Lösungsvorschlag: Она рисует. / Они празднуют. / Он фотографирует. / Они целуются. // Как вы себя чувствуете?

9 Организовать и праздновать?
a) 1. чувствуешь 2. рисует 3. сфотографируемся 4. поцеловала 5. организуют 6. использовал 7. праздновали
b) 4 / 6 / 1 / 7 / 3 / 2 / 5

10 А вам нравятся …?
Мне нравятся престижные машины /

дорогие магазины / откровенные разговоры / открытые люди / спортивные мужчины / красивые цветы / трудные вопросы / высокие женщины.

11 Что вы любите читать?
Lösungsvorschlag: a) специальную литературу / научно-популярную литературу / русскую / немецкую классику
b) 1. 100 чудесных рецептов пирогов и тортов. 2. В. Есенков, Рыцарь. Легенда о Михаиле Булгакове. 3. Р. Аткинс, Фигурка мирового класса. / С. Кабот, Шейпинг-диета. 4. И. Комарова, Новейший справочник по решению кроссвордов.

12 Стеснять – стесняться
a) встречаться / вытираться / обниматься / обидеться / знакомиться / интересоваться / учиться / вернуться / извиниться / целоваться / находиться / привязаться / хотеться / продаваться
b) познакомилась (-лся) / встречались / встречаемся / учатся / встречаемся / интересуемся / хочется / встречались

13 Приготовить – приготовиться
1. приготовилась 2. продаётся 3. обиделась 4. вернулась 5. встречаются
6. познакомились 7. вернулся 8. хочется 9. учится

14 Эх, дороги …
a) платных дорог / платные дороги / платных дорогах / платным дорогам / платными дорогами / платных дорог / платные дороги / платных дорогах
b) Речь идёт о платных автодорогах в России.
c) 1. Выборг – Санкт-Петербург
2. МКАД – Кашира
3. автомагистраль ‹Крым› //
Преимущества: можно ехать с большой скоростью, нет светофоров, высокое качество дорог (Zeile 25–27).

15 Оригинальные рецепты

a) Рецепт приготовления чая.   b) 2.

Текст
Существует много оригинальных рецептов приготовления самых различных блюд. Но есть блюда, вернее напитки, которые умеет готовить каждый даже самый неопытный кулинар. Сегодня мы поделимся с вами секретами приготовления такого простого напитка как чай. Конечно, главный секрет – это хороший чай. А вот оригинальный рецепт – чай по-парижски готовится так: возьмите полстакана крепкого чая. Выдавите сок из половинки лимона. Ещё вам потребуется полстакана апельсинового сока. Всё смешайте и подогрейте, но не кипятите. Добавьте 10–20 г коньяка и сахар по вкусу. Пейте на здоровье!

16 Слова
качественный – качество / фантазия – фантазировать – пофантазировать – фантазёр / журналист – журнальный – журнал / биография – биограф – биографический / проза – прозаик – прозаический / неудобочитаемый – прочитать – читатель – читать – чтение

17 Программа
показали бы / поужинали бы / погуляли бы / поехали бы / посмотрели бы / поужинали бы

18 Марина Цветаева
b) Тема: последние годы жизни Марины Цветаевой.
c) Это знаменитая книга. Ирма Кудрова занимается Цветаевой много лет. Это темпераментный рассказ о последних годах жизни Цветаевой. В этой книге много интересных открытий.
d) Я хочу прочитать эту книгу, потому что меня интересует поэзия и я хочу узнать о Марине Цветаевой.

19 Стихи
Lösungsvorschlag: Окно (в ночи) / Бессонный дом

20 Миленький ты мой

женой / жена / сестрой / сестра

Урок 11

1 Это вы уже можете!
она / у неё / К ней / её / Она / ей / нас / с ней / о тебе

2 Слова
в – вам, и – им, н – нас, о – она / м – мы, е – ему, т – тебя, р – рыба, о – он / н – нас, о – оно, в – вам, о – они, с – себя – т – тебе, и – их

3 Они или оно?
1. они (оно)   2. ему (меня)   3. нами (ему)   4. оно (они)   5. меня (ему)   6. ей (нами)

4 Найдите слова!
a)/b) 1. я – мне, мной, меня   2. ты – тобой, тебя   3. она – её, ей   4. вы – вас, вам, вами   5. они – их, им

к	в	а	м	и	м	и	к	о	ы
т	а	р	а	м	н	х	е	ё	а
ы	с	з	с	н	е	с	й	л	в
ц	т	о	б	о	й	э	я	п	ы
й	н	п	е	й	т	е	б	я	ё
ч	и	к	м	е	н	я	д	у	ю

5 Стихотворение

a) ты / мной / я / твой / твои / я / ты
Lösungsvorschlag: c) Ты

6 Чернобыль

a) 26 / 1986 / 155 / 7 / 3 / 600 / 2000
b) атомных катастроф / квадратных километров / долгие годы / страшные последствия

Текст

Чернобыль стал для всего мира символом атомных катастроф. Когда 26 апреля 1986 года на атомной электростанции произошёл взрыв, радиоактивное заражение охватило площадь в 155 тысяч квадратных километров на территории Украины, Белорусии и России. Были облучены около 7 млн. человек, в том числе более 3 млн. детей. Только ‹ликвидаторов›, которые с помощью техники и обычной лопаты убирали радиоактивный мусор и строили саркофаг, 600 тысяч человек. Радиоактивное облако накрыло также и Западную Европу. Чернобыльская трагедия – это не только технологическая катастрофа, но и большая человеческая беда. В конце 2000 года прекращает работу последний атомный реактор ЧАЭС, но тысячи людей ещё долгие годы будут испытывать на себе страшные последствия этой катастрофы.

7 Ты – твой?

a) мой / твоя / его / её / наш / ваша / их
b) мы / я / вы / ты / они / он / она

8 Моя семья

a) моя / мою / Ей / нас / мою / Ей / Моего / Ему / Моих / моего / них / Моему
Lösungsvorschlag: b) Моему сыну Мите десять лет, Маше семь лет, а Танюшке – три года. Жене моего брата Светлане тоже 19 лет. Их маленькому сыну шесть месяцев. Его зовут Ванюшка.

9 Личное дело!

a) У неё есть дети? – Есть они у неё или нет – это её личное дело. / У него есть жена? – Есть она у него или нет – это его личное дело. / У них есть долги? – Есть они у них или нет – это их личное дело. / У тебя есть деньги? – Есть они у меня или нет – это моё личное дело. / У вас есть аппетит? – Есть он у меня или нет – это моё личное дело. / У тебя есть дача? – Есть она у меня или нет – это моё личное дело. / Есть у него семья? – Есть она у него или нет – это его личное дело. / Есть у них счёт в банке? – Есть он у них или нет – это их личное дело. / Есть у вас домработница? – Есть она у меня или нет – это моё личное дело. / Есть у тебя любовник / любовница? Есть он / она у меня или нет – это моё личное дело.
b) Есть у него вилла на Канарах? – Есть она у него или нет – это его личное дело. / Есть у неё самолёт? – Есть он у неё или нет – это её личное дело. / Есть у тебя яхта? – Есть она у меня или нет – это моё личное дело. / …

10 Свой или её?

Андрей делает его работу. / Таня платит её долги. / Нина считает её деньги. / Он ремонтирует его машину. / Они живут в их доме.

11 Вопросы

1. твоей 2. вашем 3. их 4. моей
5. нашем 6. нашего 7. их 8. его 9. твой
10. её 11. ваш 12. твоё 13. твоим
14. вашу 15. твою

12 Вопросы и ответы

1. с твоим братом 2. вашу сестру
3. моего сына 4. о нашем сыне
5. о моём друге 6. твоему шефу
7. нашу бабушку 8. моей подруге
9. моего мужа 10. с моей мамой

13 Разговор

a)/b) тебя / Никогда! / тебя / Неправда!

Ты любишь Лену! / её / с ней / А кто ходил с ней в кино и в театр? / с тобой / о тебе / к тебе / тебе / Нет, мы больше не встречаемся! / …

14 Интересы
Его интересует футбол. / Её интересует рок-музыка. / Их интересуют книги. / Его интересует мода. / Их интересует русский язык. / Её интересует компьютер.

15 Как правильно?
2. – г) 3. – а) 4. – б) 5. – ж) 6. – ё)
7. – д) 8. – й) 9. – з) 10. – к) 11. – и)
12. – е)

16 Это вы знаете!
сотрудничать – работать вместе / принять участие – участвовать / существовать – есть / кому это выгодно – кому это надо

17 Давайте дружить!
а) существуют / Членов / понять / обмены / впечатление / акции / между
b)/c) Substantive: членов, обмены, впечатление, акции / Verben: понять, существуют / Präposition: между

18 Кроссворд
1. совместная акция 2. обыкновенные люди 3. гуманитарная помощь
4. партнёрский клуб 5. глубокое впечатление 6. официальный визит

19 Практика Нины
1. Ей повезло, что она приняла участие в обмене. 2. Сначала у неё были проблемы. 3. Она скучала по дому.
4. Потом она привыкла. 5. Особенно ей понравились гостеприимные люди.
6. Большое впечатление на неё произвела сберкасса. 7. Для неё это была хорошая практика. 8. Город ей тоже понравился. 9. С ней все дружили.

20 Напишите!
стой / сиди / дари / играй / попробуй / пиши

21 Три группы
1. говори/те, дари/те, смотри/те
2. слушай/те, мечтай/те, делай/те
3. готовь/те, ответь/те, верь/те

22 Пожалуйста!
1. Запиши/те, …! 2. Позвони/те …!
3. Прочитай/те …! 4. Приходи/те! 5. Ответь …! 6. Организуйте …! 7. Скажи …! 8. Попробуй/те! 9. Дайте …!
10. …, смотри! / Купи …! 11. Скажи …!

23 Что они говорят?
Позвони! / Напиши! / Прочитай! / Послушайте! / Попробуйте! / Откройте! / Входите!

24 Что вы скажете?
1. Дайте два билета, пожалуйста!
2. Покажите эту матрёшку, пожалуйста! 3. Здравствуйте! Входите, пожалуйста! 4. Берите (попробуйте) пирожки! 5. (За)молчи! 6. Уходи!

Текст

1. Вы с подругой хотите посмотреть новый фильм и идёте в кассу кинотеатра. Вам нужны два билета. Что вы говорите?
2. Вы в магазине и хотите купить сувенир. Вам понравилась матрёшка и вы хотите её посмотреть. Что вы скажете?
3. У вас вечеринка. В дверь звонят гости. Вы открываете дверь и говорите: «…»
4. У вас очень вкусные пирожки. Вы хотите, чтобы ваши гости их взяли.
5. Ваш друг плохо говорит о вашей подруге. Вы не хотите его слушать. Вы говорите: «…»
6. Ваш друг вас обидел. Вы не хотите его больше видеть. Вы говорите: «…»

25 Российские ‹филиалы› Charité
1. – в) 2. – а) 3. – б) 4. – б) 5. – а)
6. – в)

 26 Московские окна
мои / мне / его / их / меня / твоим /
моей / вами / мне / его

Урок 12

1 Пессимист и оптимист
Lösungsvorschlag: Я молодой и красивый.
У меня интересная работа и большая
зарплата. Мой шеф – очень приятный
человек. У меня прекрасные дети и
хорошая жена. Квартира у меня
большая, а машина – дорогая.

2 Больше и лучше
больше / красивее / искреннее / удобнее / приятнее / раньше / ужаснее / ху-
же / короче | старше / дешевле / гром-
че / труднее / длиннее / симпатичнее /
важнее / меньше / позднее / моложе /
выше / ниже / тише / лучше / дороже //
1. большой – маленький 2. ранний –
поздний 3. плохой – хороший 4. короткий – длинный 5. старый – молодой
6. дешёвый – дорогой 7. громкий –
тихий

3 А дальше
1. дороже 2. хуже 3. меньше 4. лучше
5. выше 6. дороже 7. громче 8. приятнее 9. удобнее 10. уютнее 11. дешевле
12. выше

4 Нравится, но …
1. больше 2. интереснее 3. вкуснее
4. лучше 5. ближе 6. больше 7. красивее 8. раньше 9. позже 10. меньше
11. труднее 12. важнее

5 Да, но …
Lösungsvorschlag: 2. Да, но музыка

Бетховена мне нравится больше. 3. Да,
но Тина Тэрнер поёт лучше. 4. Нет, в
немецком языке произношение труднее.
5. Да, но моя жена встаёт ещё раньше.
6. Нет, на нашем курсе больше женщин.
7. Да, но классическая музыка мне
нравится больше. 8. Нет, лэптоп ещё
дороже. 9. Да, но Гамбург красивее.

6 Вы согласны?
2. Да, оно более вкусное. 3. Да, она
более хороший подарок. 4. Да, он более
дружный. 5. Да, он более уютный. 6.
Да, она более красивая. 7. Да, он более
популярный. 8. Да, они более высокие.
9. Да, Москва более дорогая. 10. Да, он
более старый. 11. Да, он более
популярный.

7 Письмо
а) лучше / выше / симпатичнее / больше / ближе / интереснее / больше
Lösungsvorschlag: b) Здравствуй, Марина!
Это правда, что меня интересует
компьютер, но ты меня интересуешь
больше. А характер у меня лучше, чем
у Петра. Это я выше и симпатичнее,
чем он. А зарплата у меня скоро будет
больше, чем у него. Я обещаю больше
времени проводить с тобой.
До свидания. Сергей.
P.S. Разве ты не знаешь, что Пётр
собирается купить компьютер?

8 Вы это знали?
2. Атлантический океан больше
Индийского, а Тихий океан – самый
большой. / Атлантический океан
меньше Тихого, а Индийский – самый
маленький.
3. Волга длиннее Рейна, а Миссисипи –
самая длинная. Волга – короче
Миссисипи, а Рейн – самый короткий.
4. Озеро Байкал больше Боденского
озера, а озеро Виктория – самое
большое. Байкал меньше Виктории, а
Боденское озеро – самое маленькое.

5. Пик Ленина выше Цугшпитце, а Эверест – самый высокий. Пик Ленина ниже Эвереста, а Цугшпитце – самая низкая гора.
6. Марс дальше Венеры, а Плутон – дальше всех (самый удалённый). Марс ближе Плутона, а Венера – ближе всех (самая близкая).

9 Россия и Германия
России / Германии / Германия / с Россией / Германии / Россию / Россией / Германией / Германия / России / Германии / России / Германии / Россию

11 Летний отдых
2. российские фирмы 3. финансовый кризис 4. осенний вечер 5. московское метро 6. экономическая ситуация 7. двухкомнатная квартира 8. партнёрские отношения

12 Слова
1. проговорить / разговаривать / говорить 2. входить / подходить / приходить / вход 3. звонок / позвонить 4. познакомиться / знакомство / знакомый

13 Было бы здорово, если бы …
Lösungsvorschlag: … он не кричал (бы) на детей. / … мы понимали (бы) друг друга. / … я посмотрел(а) (бы) весь мир. / … я хорошо говорил(а) (бы) по-русски. / … я хорошо играл(а) (бы) в теннис / на саксофоне. / … я был(а) (бы) высоким / высокой, богатым / богатой. / … я жил(а) (бы) в Америке / в России. / … был(а) (бы) как … / … хорошо рисовал(а) (бы), пел(а) (бы), танцевал(а) (бы), готовил(а) (бы). / … получил(а) (бы) Нобелевскую премию / ‹Оскара›. / … я нравился / нравилась (бы) всем мужчинами / женщинами. / … я был(а) (бы) миллионером / миллионершей. / … я был(а) (бы) программистом / актёром / актрисой / дедушкой / бабушкой.

14 Было бы хорошо …
2. Было бы хорошо, если бы она больше читала. 3. Было бы хорошо, если бы она больше зарабатывала. 4. Было бы хорошо, если бы он больше смеялся. 5. Было бы хорошо, если бы она больше целовалась. 6. Было бы хорошо, если бы он больше интересовался компьютером. 7. Было бы хорошо, если бы она больше интересовалась театром. 8. Было бы хорошо, если бы он больше готовил. 9. Было бы хорошо, если бы он больше бывал дома. 10. Было бы хорошо, если бы она больше отдыхала.

15 Да и нет
выключать / давать / покупать / отвечать / нельзя / провожать / забывать / молчать / свободен / лучше

16 Найдите слово!
1. города 2. реки 3. дни недели 4. времена года 5. праздники 6. напитки 7. спортсмены 8. транспорт

17 Каникулы в Лейпциге
a) Меня зовут Вера. В ноябре меня и чеченскую девочку Мадину пригласил в Германию наш немецкий друг Герхард Мазух. Это была отличная поездка! Сначала Берлин, красивый аэропорт, потом поездка в Лейпциг. Это очень красивый город. Он, как и Москва, был основан в XII веке. Очень понравился мне и Мадине лейпцигский зоопарк. Ещё мы ездили в город Страсбург во Франции. За время поездки я подружилась с Мадиной. После поездки я решила больше заниматься немецким языком. Большое спасибо Герхарду Мазуху, который организовал для нас эту чудесную поездку! Вера Соколова, Москва
b) 1. Её пригласил немецкий друг Герхард Мазух. 2. Она увидела аэропорт в Берлине, зоопарк в Лейпциге и Страсбург. 3. Большое впечатление на

Веру произвёл лейпцигский зоопарк. 4. После поездки Вера будет больше заниматься немецким языком. Lösungsvorschlag: c) 1. Лейпциг, 15.04.01 / Здравствуй, дорогая Вера! Я очень рад, что тебе понравилась Германия и что ты хочешь лучше говорить по-немецки! Ты знаешь, что я учу русский язык и тоже хочу лучше говорить по-русски. И я очень хотел бы летом поехать в Москву, так как меня интересует Россия и я хотел бы увидеть всё своими глазами. Я рад, что мы скоро увидимся!

Ты покажешь мне Москву? До встречи. Герхард 2. Дорогая мамочка! В Германии мне очень нравится. Я была в Берлине, Лейпциге и Страсбурге. Особенно понравился лейпцигский зоопарк! Я хотела бы посмотреть и другие города. Целую. Твоя Вера.

18 Страноведческий тест
b) 1. – б)   2. – в)   3. – а)   4. – а)   5. – б)
6. – а)   7. – в)   8. – а)   9. – б)   10. – б)
11. – а)   12. – в)

Quellenverzeichnis

Der Verlag dankt den folgenden Personen und Institutionen – soweit sie erreicht werden konnten – für die freundliche Genehmigung zum Abdruck von Copyrightmaterial. Für weitere Hinweise sind wir dankbar.

S. 16 li, Foto: © Murzilka (Moskau); S. 16 re, Foto: © Safari-Verlag, 1966 (Berlin); S. 26, Foto: Bauer-Negenborn (Weßling); S. 32, Anzeigen: © Rasguljaj (Moskau); S. 42, Realie: © Ruz Co. (Moskau); S. 42, Anzeigen: © Tovary i ceny (Moskau); S. 52, Anzeigen: © Moskowskij komsomolez (Lipezk); S. 54, Lied (Text + Musik): Matusowskij/Solowjew-Sedoj, © *Mit freundlicher Genehmigung* Musikverlag Hans Sikorski (Hamburg); S. 58, Realie: © Ogonjok, 4/1999 (Moskau); S. 73/78, Anzeigen: © Argumenty i fakty (Lipezk); S. 74, Foto: © Jürgens Ost- und Europaphoto (Berlin); S. 83, Anzeige: © Argumenty i fakty (Moskau); S. 91, Anzeigen: © Argumenty i fakty (Lipezk) / Moskowskij komsomolez (Moskau) / Tovary i ceny (Moskau) / Vasch dosug (Moskau); S. 94, Anzeigen: © Argumenty i fakty (Lipezk) / 7 dnej (Moskau);

S. 96, Text: © Moskowskaja Nemezkaja gaseta, 1/6/98 (Moskau); S. 106, Lied (Text + Musik): Bulat Okudshawa, © Solyd Records, 1994 (Moskau); S. 111/118, Anzeigen: © Moskowskij komsomolez (Lipezk); S. 125, Anzeige: © 7 dnej, 34/98 (Moskau); S. 127, Anzeigen: © Argumenty i fakty (Lipezk); S. 129, Text: © Komsomolskaja prawda (Moskau); S. 130, Anzeige: © Rasguljaj, 3/1996 (Moskau); S. 132, Text (vereinfacht) + Buchumschlag: © Afischa, 4/5/2000 (Moskau); S. 134, Lied (Text + Musik): Shanna Bitschewskaja, © Apex, Ltd. 1994 (London); S. 147, Text (vereinfacht): © Moskowskaja Nemezkaja Gaseta (Moskau); S. 148, Lied (Text + Musik): Matusowskij/ Chrennikow: © Lied der Zeit GmbH (Hamburg); S. 160, Lied (Text + Musik): Alla Pugatschowa